Sei echt
als Christ!

AF285978

au | then | tisch
<Adj.>

[griech. authentikós]:
echt, natürlich, ungekünstelt,
glaubwürdig, aufrichtig, zuverlässig …

Über den Autor

Marc André Naumann, 1976 in München geboren, ist ordinierter Pastor der *Kirche der Siebenten-Tags-Adventisten.* Es liegt ihm am Herzen, durch Authentizität, leicht verständliche Sprache und praktische Anwendung vor allem jungen Menschen Mut zu machen, das Leben mit Jesus Christus zu wagen. Er und seine Frau Caroline haben zwei Kinder und leben in der Nähe von Wien.

Marc André Naumann

Sei echt
als Christ!

*4 Kriterien für eine
authentische Christengemeinde*

Bibliografische Information der Deutschen Nationalbibliothek
Die Deutsche Nationalbibliothek verzeichnet diese Publikation in
der Deutschen Nationalbibliografie; detaillierte bibliografische
Daten sind im Internet über http://dnb.d-nb.de abrufbar.

Sei echt als Christ!
4 Kriterien für eine authentische Christengemeinde
Copyright © 2011 Marc André Naumann
2., überarbeitete und erweiterte Auflage

Lektorat: Claudia Flieder, Caroline und Ingrid Naumann, [u.a.]
Korrektorat: Hans Matschek
Bildnachweis: iStockphoto® »I Can See Clearly« © Gene Chutka;
»Valentine rose« © Gerrit Hein; »Rose petals« © Evelin Elmest
Bildbearbeitung: Diana Elwin
Satz: Marc André Naumann
Herstellung und Verlag: Books on Demand GmbH, Norderstedt

ISBN: 978-3-8391-0506-1

Für alle,
die wie eine
Rose duften wollen,
an der man gerne riecht.

w w w . s e i - e c h t . n e t (t)

> *»Authentische Christen sind die einzige Bibel,*
> *die die Öffentlichkeit noch liest!«*
>
> Marc André Naumann

Inhalt

Vorwort

Eine Rose schenken

Hast du schon einmal jemandem eine Rose geschenkt? So richtig von Herzen, ohne Hintergedanken, aus dem Wunsch heraus, eine liebe Überraschung zu bereiten? Dann kannst du dich sicher an das erfreute Gesicht des Beschenkten erinnern! Ein echtes Geschenk bereitet Freude und setzt ein Zeichen der Liebe.

Ein Geschenk für die Welt sind echte Christen, Menschen, die froh und authentisch ihren Glauben leben – so wie die ersten Jünger und Apostel. Der Verfasser dieses Buches, Marc André Naumann, nimmt dich mit hinein in die Welt der urchristlichen Gemeinde und lädt dich ein, die Welt des echten, gelebten Christentums zu entdecken. So erfährt der Leser / die Leserin, was es auch heute noch bedeutet, echt zu glauben – denn nur echter Glaube schenkt dieser unserer Welt ein glaubwürdiges Zeugnis vom gekreuzigten und auferstandenen Herrn Jesus Christus.

Echtes Christentum macht Freude –
und diese Freude wünscht dir

Claudia Flieder

Einleitung

Bin ich ein echter Christ?

Echtes Christsein ist eine »echte« Herausforderung! In dieser Publikation geht es um vier biblische Kriterien, die aufzeigen, wie der christliche Glaube authentisch werden kann. Aber Vorsicht! Wenn du dieses Buch liest, könnten diese Anregungen dein Glaubensleben radikal verändern. Christen leben anders, wenn sie wissen, was es biblisch bedeutet, echt zu sein.

Christen leben anders, wenn sie wissen, was es biblisch bedeutet, echt zu sein.

In den folgenden vier Kapiteln wollen wir unsere Aufmerksamkeit auf einen einzigen Bibelvers richten. Nach der Übersetzung Martin Luthers besteht dieser Vers aus 19 Wörtern. Sein Inhalt bildet die vier wesentlichen Kriterien für eine authentische Christengemeinde. Es handelt sich um einen der wichtigsten Verse in der Bibel zum Thema »Echtsein als Christ«.

Wo steht dieser Text? Der biblische Autor Lukas schrieb ihn in der Apostelgeschichte nieder:

»Sie blieben aber beständig in der Lehre der Apostel und in der Gemeinschaft und im Brotbrechen und im Gebet.« (Apostelgeschichte 2,42)

In diesem kurzen Vers erkennen wir vier Kriterien für eine authentische Christengemeinde:

❶ *Lehre der Apostel*
❷ *Gemeinschaft*
❸ *Brotbrechen*
❹ *Gebet*

In jedem der folgenden Kapitel werden wir eines dieser vier Kriterien unter die Lupe nehmen und studieren, was es bedeutet, diese Eigenschaften sowohl persönlich als auch als Christengemeinde ganz konkret umzusetzen.

Doch zunächst ist es sinnvoll, sich den Kontext, also den Textzusammenhang, dieses Bibelverses genauer anzusehen, um ihn besser verstehen zu können.

Was ist der Hintergrund dieses Verses? Der Apostel Petrus, voll des Heiligen Geistes, hielt am Tag des Pfingstfestes eine kraftvolle Predigt. Er war mit den anderen Aposteln in Jerusalem, und Tausende von Menschen hörten seiner Predigt zu.

Was wird wohl der Titel seiner Predigt gewesen sein? Wir wissen es nicht, aber er könnte gelautet haben: »Die Wahrheit, die ganze Wahrheit und nichts als die Wahrheit über Jesus Christus«.

Jeder Einwohner Jerusalems hatte wohl von Jesus gehört. Oder besser gesagt: Jeder Einwohner Jerusalems hatte mit großer Wahrscheinlichkeit von Jesus gewusst. Warum? Auffällig sind fünf »mysteriöse« Ereignisse, die mit der Kreuzigung und Auferstehung Jesu Christi einhergingen:

»Und von der sechsten Stunde an kam eine Finsternis über das ganze Land bis zur neunten Stunde. Und um die neunte Stunde schrie Jesus laut: Eli, Eli, lama asabtani? Das heißt: Mein Gott, mein Gott, warum hast du mich verlassen? Einige aber, die da standen, als sie das hörten, sprachen: Der ruft nach Elia. Und sogleich lief einer von ihnen, nahm einen Schwamm und füllte ihn mit Essig und steckte ihn auf ein Rohr und gab ihm zu trinken. Die andern aber sprachen: Halt, lass sehen, ob Elia komme und ihm helfe! Aber Jesus schrie abermals laut und verschied. Und siehe, der Vorhang im Tempel zerriss in zwei Stücke von oben an bis unten aus. Und die Erde erbebte, und die Felsen zerrissen, und die Gräber taten sich auf, und viele Leiber der entschlafenen Heiligen standen auf und gingen aus den Gräbern nach seiner Auferstehung und kamen in die heilige Stadt und erschienen vielen.« (Matthäus 27,45-53)

Erstens gab es, kurz bevor Jesus starb, eine dreistündige Sonnenfinsternis. Zweitens zerriss der Tempelvorhang von oben bis unten, als Jesus verschied. Drittens bebte zur selben Zeit die Erde. Viertens standen gläubige Menschen aus ihren Gräbern auf. Und fünftens gingen diese nach der Auferstehung Jesu in Jerusalem umher und erschienen vielen Menschen.

Wer ist Jesus Christus für dich ganz persönlich?

In Anbetracht dessen können wir annehmen, dass in jenen Tagen Jesus Christus ein Gesprächsthema war und vielen Einwohnern Jerusalems die Frage durch den Kopf gegangen sein muss: »Wer war dieser Jesus wirklich?« Ich möchte diese Frage an dich weitergeben: Wer ist Jesus Christus für dich ganz persönlich? Petrus jedenfalls antwortete den Israeliten auf diese Frage in seiner Pfingstpredigt:

»Ihr Männer von Israel, hört diese Worte: Jesus von Nazareth, von Gott unter euch ausgewiesen durch Taten und Wunder und Zeichen, die Gott durch ihn in eurer Mitte getan hat, wie ihr selbst wisst – diesen Mann, der durch Gottes Ratschluss und Vorsehung dahingegeben war, habt ihr durch die Hand der Heiden ans Kreuz geschlagen und umgebracht. Den hat Gott auferweckt und hat aufgelöst die Schmerzen des Todes, wie es denn unmöglich war, dass er vom Tode festgehalten werden konnte. … So wisse nun das ganze Haus Israel gewiss, dass Gott diesen Jesus, den ihr gekreuzigt habt, zum Herrn und Christus gemacht hat.« (Apostelgeschichte 2,22-24.36)

Wie haben die Menschen damals auf die Predigt des Petrus reagiert? Etliche von ihnen waren von der Wahrheit seiner Worte überzeugt:

Wenn der Heilige Geist arbeitet, gibt es Ergebnisse, dann passiert etwas.

»Als sie aber das hörten, ging's ihnen durchs Herz, und sie sprachen zu Petrus und den andern Aposteln: Ihr Männer, liebe Brüder, was sollen wir tun?« (Apostelgeschichte 2,37)

Bist auch du überzeugt davon – geht diese Wahrheit durch dein Herz? Der Heilige Geist wirkte durch Petrus und die anderen Apostel an den Herzen der Hörer. Wenn der Heilige Geist arbeitet, gibt es Ergebnisse, dann passiert etwas. Etliche Hörer der Pfingstpredigt hielt es nicht mehr auf ihren Plätzen. Sie mussten etwas tun. Sie mussten reagieren. Sie konnten nicht anders und riefen aus: »Was sollen wir tun?« Und Petrus gab ihnen die Antwort darauf:

»Tut Buße [griech. kehrt um, ändert euren Sinn], und jeder von euch lasse sich taufen auf den Namen Jesu Christi zur Vergebung eurer Sünden, so werdet ihr empfangen die Gabe des Heiligen Geistes. Denn euch und euren Kindern gilt diese Verheißung …« (Apostelgeschichte 2,38.39a) Der Geist Gottes bewegte durch diese kraftvolle Predigt damals mehr als 3.000 Menschen. Sie nahmen Jesus Christus als ihren persönlichen Retter an und bekannten ihren Glauben an Jesus durch die Taufe.

> *Wer da glaubt und getauft wird, der wird gerettet werden.*

»Wer da glaubt und getauft wird, der wird selig [griech. gerettet] werden …« (Markus 16,16a)

Und dann ist es so weit. Nach der Taufzeremonie kommt unser vierteiliger Bibelvers, welcher die erste Christengemeinde beschreibt, die durch das Wirken des Heiligen Geistes gebildet worden ist:

»Sie blieben aber beständig in der *Lehre der Apostel* und in der *Gemeinschaft* und im *Brotbrechen* und im *Gebet*.« (Apostelgeschichte 2,42; Hervorhebung durch den Verfasser)

In diesem Zusammenhang stellt sich eine ganz praktische Frage: Wie lebten die ersten Christen diese Gesinnung aus? Handelt es sich hier um Aktivitäten, die nur zu besonderen Zeiten stattfanden?

Laut unserem Bibelvers blieben sie »beständig« dabei. Im griechischen Urtext steht hierfür das Wort *proskartereo*, das so viel bedeutet wie »unermüdlich etwas tun, festhalten an, dauernd bereitstehen für jemanden«.

Mit anderen Worten: Die erste Christengemeinde war hingebungsvoll, ja sogar leidenschaftlich miteinander verbunden – und zwar in der Lehre der Apostel, in der Gemeinschaft, im Brotbrechen und im Gebet. Das war für die erste Christengemeinde wesentlich.

90 Prozent Hingabe an diese vier Kriterien sind 10 Prozent zu wenig.

Für uns heute liegt die entscheidende Frage auf der Hand: Sind auch wir als moderne Christengemeinde zu 100 Prozent miteinander verbunden – und zwar in der Lehre der Apostel, in der Gemeinschaft, im Brotbrechen und im Gebet?

90 Prozent Hingabe an diese vier Kriterien sind 10 Prozent zu wenig. Ich möchte, dass du verstehst, was *proskartereo* wirklich bedeutet. Es ist eine Lebenseinstellung – nicht nach dem Motto: »Ich nehme mir für diese vier Kriterien ein bisschen Zeit«, sondern: »Sie sind mein Lebensstil!«

1. Kapitel

Sei ein Apostel!

Was passiert in deinem Leben, wenn du beständig in der »Lehre der Apostel« bleibst? Die erste Christengemeinde widmete sich hingebungsvoll dieser Lehre. Was ist aber damit gemeint? Was versteht die Apostelgeschichte unter der Lehre der Apostel? Wir haben darüber schon etwas in der Pfingstpredigt des Petrus gehört:

Was versteht die Apostelgeschichte unter der Lehre der Apostel?

»So wisse nun das ganze Haus Israel gewiss, dass Gott diesen Jesus, den ihr gekreuzigt habt, zum Herrn und Christus gemacht hat. ... Tut Buße, und jeder von euch lasse sich taufen auf den Namen Jesu Christi zur Vergebung eurer Sünden ...« (Apostelgeschichte 2,36.38a)

Was ist also die Lehre der Apostel? Sehen wir uns in diesem Zusammenhang noch eine andere »Predigt« des Petrus an, als er vor dem Tempeltor von Jerusalem stand. Es war eine sehr kurze, aber sehr kraftvolle Botschaft, die nur aus zwei Sätzen bestand.

Petrus und Johannes waren auf dem Weg zum Tempel. Am Tor begegnete ihnen ein verkrüppelter Mann. Wir kennen diese Geschichte aus dem 3. Kapitel der Apostelgeschichte. Der Mann streckte seine Hand aus und bettelte um Almosen. Und was sagte

Petrus zu ihm?

»Silber und Gold habe ich nicht; was ich aber habe, das gebe ich dir: Im Namen Jesu Christi von Nazareth steh auf und geh umher!« (Apostelgeschichte 3,6)

Die Folge jener mächtigen Worte war das Gefängnis für Petrus und Johannes. Am nächsten Tag brachte man sie vor den Hohen Rat der Juden, und dieser stellte ihnen die Frage, woher sie die Vollmacht für ihr Predigen nähmen. Petrus gab die Antwort, indem er auf den gekreuzigten und auferstandenen Herrn Jesus Christus hinwies:

»Wenn wir heute verhört werden wegen dieser Wohltat an dem kranken Menschen, durch wen er gesund geworden ist, so sei euch und dem ganzen Volk Israel kundgetan: Im Namen Jesu Christi von Nazareth, den ihr gekreuzigt habt, den Gott von den Toten auferweckt hat; durch ihn steht dieser hier gesund vor euch. Das ist der Stein, von euch Bauleuten verworfen, der zum Eckstein geworden ist. Und in keinem andern ist das Heil [griech. Rettung], auch ist kein andrer Name unter dem Himmel den Menschen gegeben, durch den wir sollen selig [griech. gerettet] werden.« (Apostelgeschichte 4,7-12)

In keinem andern ist Rettung, auch ist kein andrer Name unter dem Himmel den Menschen gegeben, durch den wir sollen gerettet werden.

Nicht nur Petrus verkündigte diese Botschaft. Etliche Apostel waren in einer ähnlichen Situation, wie uns im 5. Kapitel der Apostelgeschichte berichtet wird. Und auch sie wurden vom Hohen Rat der Juden aufgrund dieser Botschaft bestraft. Sie wurden gegeißelt und man verbot ihnen, weiterhin von Jesus Christus zu erzählen. Doch nichts konnte sie daran hindern, die Botschaft von ihrem Herrn zu verkündigen:

»Sie [die Apostel] gingen aber fröhlich von dem Hohen Rat fort, weil sie würdig gewesen waren, um seines Namens willen Schmach zu leiden, und sie hörten nicht auf, alle Tage im Tempel und hier und dort in den Häusern zu lehren und zu predigen das Evangelium von Jesus Christus.« (Apostelgeschichte 5,41. 42)

Nachdem Saulus [Paulus], wie im 9. Kapitel der Apostelgeschichte berichtet wird, von Jesus berufen worden war, sein Apostel zu sein, verkündigte auch er genau diese Botschaft:

»Saulus blieb aber einige Tage bei den Jüngern in Damaskus. Und alsbald predigte er in den Synagogen von Jesus, dass dieser Gottes Sohn sei. Alle aber, die es hörten, entsetzten sich und sprachen: Ist das nicht der, der in Jerusalem alle vernichten wollte, die diesen Namen anrufen, und ist er nicht deshalb hierhergekommen, dass er sie gefesselt zu den Hohenpriestern führe? Saulus aber gewann immer mehr an Kraft und trieb die Juden in die Enge, die in Damaskus wohnten, und bewies, dass Jesus der Christus ist.« (Apostelgeschichte 9,20-22)

Aus diesen Beispielen geht unschwer hervor, was das Herzstück der Lehre der Apostel ist: Es ist »Jesus, der Christus«. Merke dir: Das Herzstück einer authentischen Christengemeinde ist eine Person – Jesus Christus! Um uns die Tragweite dieser Tatsache noch deutlicher vor Augen zu führen, gehen wir zu den Anfängen des Christentums zurück:

> *Das Herzstück einer authentischen Christengemeinde ist eine Person – Jesus Christus!*

»Die Geburt Jesu Christi geschah aber so: … Sie [Maria] wird einen Sohn gebären, dem sollst du [Josef] den Namen Jesus geben, denn er wird sein Volk retten von ihren Sünden.« (Matthäus 1,18a.21)

Bereits hier, am Anfang des Neuen Testaments, erscheint eine Deutung des Namens Jesu Christi. Diese Textstelle beschreibt die künftige Aufgabe des Sohnes der Maria dahingehend, dass »Jesus« sein Volk von seinen Sünden retten wird.

Dieselbe Namensdeutung steht offensichtlich auch im Hintergrund, wenn der Engel des Herrn in der Nacht der Geburt Jesu Christi ihn den Hirten laut griechischem Urtext als »Retter« ankündigt:

»Und der Engel sprach zu ihnen: Fürchtet euch nicht! Siehe, ich verkündige euch große Freude, die allem Volk widerfahren wird; denn euch ist heute der Heiland [griech. Retter] geboren, welcher ist Christus, der Herr.« (Lukas 2,10.11a)

Auffällig ist, dass im Neuen Testament die Namen »Jesus« und »Christus« häufig eine Einheit bilden beziehungsweise austauschbar verwendet werden. Sehen wir uns also die beiden Namen »Jesus« und »Christus«

hinsichtlich ihrer Bedeutung einmal genauer an:

Warum heißt Jesus »Jesus«? Der Name kommt ursprünglich vom hebräischen Personennamen *Jehoschua*. Dieser Name wurde in Palästina nach dem babylonischen Exil meist in der Kurzform *Jeschua* verwendet und im griechischen Neuen Testament als *Iesous* (lat. Jesus) wiedergegeben. Einfach erklärt, setzt sich »Jesus« aus zwei Wörtern zusammen: »Je« und »sus«. »Je« ist die Kurzform des Eigennamens Gottes im Alten Testament (heute von den meisten Hebraisten und Altorientalisten als *Jahwe* oder *Jehova* gelesen); »sus« ist eine Ableitung aus zwei möglichen hebräischen Verbwurzeln, die entweder mit »retten, helfen« oder mit »um Hilfe rufen« übersetzt werden können. Sinngemäß bedeutet der Name »Jesus«: »Gott ist Hilfe« bzw. »Gott ist Rettung«.

Sinngemäß bedeutet der Name »Jesus«: »Gott ist Hilfe« bzw. »Gott ist Rettung«.

Wenden wir uns nun dem zweiten Teil des Namens »Jesus Christus« zu. Was bedeutet »Christus«?

Eigentlich ist dieses Wort kein Name, sondern ein Titel, eine Art Amtsbezeichnung. Der griechische Begriff *Christos* (lat. Christus) ist die Übersetzung des aramäisch-hebräischen Titels *Messias* und bedeutet »der Gesalbte«:

»Wir haben den Messias gefunden, das heißt übersetzt: der Gesalbte.« (Johannes 1,41b)

Schon im Alten Testament wurden Könige, Hohepriester und Propheten für eine bestimmte Aufgabe gesalbt. Für uns stellt sich natürlich die Frage, wann Jesus für die Aufgabe, sein Volk von seinen Sünden zu retten, gesalbt wurde. Eine alttestamentliche Prophezeiung gibt uns dazu eine erstaunlich präzise Zeitangabe:

»Siebzig Wochen sind verhängt über dein Volk und über deine heilige Stadt [Jerusalem]; dann wird dem Frevel ein Ende gemacht und die Sünde abgetan und die Schuld gesühnt, und es wird ewige Gerechtigkeit gebracht und Gesicht und Weissagung erfüllt und das Allerheiligste gesalbt werden. So wisse nun und gib Acht: Von der Zeit an, als das Wort erging, Jerusalem werde wiederaufgebaut werden, bis ein Gesalbter [hebr. *Messias*], ein Fürst, kommt, sind es sieben Wochen; und zweiundsechzig Wochen …« (Daniel 9,24. 25)

Diese Prophezeiung ist in mehrere Abschnitte unterteilt. Weil wir unsere Frage beantworten wollen, beschäftigen wir uns hier nur mit dem ersten Zeitraum, nach dessen Ablauf der *Messias* kommen soll. Zählen wir also die 7 Wochen und 62 Wochen zusammen, kommen wir auf 69 Wochen, die entsprechend dem Jahr-Tag-Prinzip (4.Mose 14,34; Hesekiel 4,6) 483 prophetische Tage, das heißt, 483 tatsächliche Jahre ausmachen. Wenn wir das Jahr 457 v. Chr. als Ausgangspunkt der 70 Wochen annehmen [in jenem Jahr gab der persische König Artaxerxes I. (Artahsasta) einen Erlass heraus, der sowohl den Wiederaufbau des Tempels als auch die Wiederherstellung der verwaltungsmäßigen und politischen Rechte der Stadt Jerusalem vorsah; siehe Esra 7,7.25-27], reicht die Zeitspanne bis ins Jahr 27 n. Chr. Exakt zu jener Zeit wurde Jesus getauft und empfing die Salbung des Heiligen Geistes für seine Aufgabe:

»Im fünfzehnten Jahr der Herrschaft des Kaisers Tiberius [= 27 n. Chr.] … geschah das Wort Gottes zu Johannes, dem Sohn des Zacharias … Und er kam in die ganze Gegend um den Jordan und predigte die Taufe der Buße zur Vergebung der Sünden … Und es begab sich, als alles Volk sich taufen ließ und Jesus auch getauft worden war und betete, da tat sich der Himmel auf, und der Heilige Geist fuhr hernieder auf ihn in leiblicher Gestalt wie eine Taube, und eine Stimme kam aus dem Himmel: Du bist mein

> *Jesus Christus ist der von Gott bei seiner Taufe mit dem Heiligen Geist Gesalbte, der sein Volk retten sollte.*

lieber Sohn, an dir habe ich Wohlgefallen. Und Jesus war, als er auftrat, etwa dreißig Jahre alt …« (Lukas 3,1-3.21-23a)

»Zu jener Zeit ging die Weissagung in Erfüllung. Im Herbst des Jahres 27 n. Chr. wurde Christus von Johannes getauft und empfing die Salbung des Heiligen Geistes.« (Ellen G. White, Der große Kampf, S. 330)

Dadurch erkennen wir: Jesus Christus ist der von Gott bei seiner Taufe mit dem Heiligen Geist Gesalbte, der sein Volk retten sollte. Kurze Zeit später bestätigte sogar Jesus selbst seine Aufgabe, indem er eine Prophezeiung aus Jesaja 61 vorlas:

»Der Geist des Herrn ist auf mir, weil er mich gesalbt hat, zu verkündigen das Evangelium den Armen; er hat mich gesandt, zu predigen den Gefangenen, dass sie frei sein sollen, und den Blinden, dass sie sehen sollen, und den Zerschlagenen, dass sie frei und ledig sein sollen.« (Lukas 4,18)

Das ist die gute Botschaft des Evangeliums, das ist das Herzstück unserer Verkündigung: Jesus kam, um für unsere Schuld zu sterben und uns zu retten. Immer wieder verkündigten die Apostel die Nachricht von ihrem gekreuzigten und auferstandenen Herrn, von dem wir Vergebung empfangen dürfen:

_____

Es gibt nur einen Weg für unsere Rettung: Jesus Christus!

_____

»Wenn du mit deinem Munde bekennst, dass Jesus der Herr ist, und in deinem Herzen glaubst, dass ihn Gott von den Toten auferweckt hat, so wirst du gerettet.« (Römer 10,9)

Es gibt nur einen Weg für unsere Rettung: Jesus Christus!

»Jesus spricht: Ich bin der Weg und die Wahrheit und das Leben; niemand kommt zum Vater denn durch mich.« (Johannes 14,6)

Jesus ist für uns stellvertretend gestorben und auferstanden und ist jetzt als Fürsprecher für uns im Himmel, bis er wiederkommt, um uns zu sich nach Hause zu holen.

»Euer Herz erschrecke nicht! Glaubt an Gott und glaubt an mich! In meines Vaters Hause sind viele Wohnungen. Wenn's nicht so wäre, hätte ich dann zu euch gesagt: Ich gehe hin, euch die Stätte zu bereiten?

Und wenn ich hingehe, euch die Stätte zu bereiten, will ich wieder kommen und euch zu mir nehmen, damit ihr seid, wo ich bin.« (Johannes 14,1-3)

Das ist die Lehre der Rettung durch Jesus Christus. Das ist die Lehre der Apostel!

»Wenn ihr bleiben werdet an meinem Wort, so seid ihr wahrhaftig meine Jünger und werdet die Wahrheit erkennen, und die Wahrheit wird euch frei machen.« (Johannes 8,31b.32)

Ist Jesus für dich der Christus – dein persönlicher Retter? Hast du dieses Geschenk der Rettung von ganzem Herzen angenommen und weißt du, dass Jesus dein Fürsprecher ist und du täglich alle deine Anliegen, Sorgen, Nöte, aber auch Freuden und Siege mit ihm teilen kannst?

> *Ist Jesus für dich der Christus – dein persönlicher Retter?*

Vor Gott brauchen wir uns für unsere Schwachheiten und Nöte nicht zu schämen – wir dürfen zu ihm kommen, wie wir sind:

»Darum lasst uns hinzutreten mit Zuversicht zu dem Thron der Gnade, damit wir Barmherzigkeit empfangen und Gnade finden zu der Zeit, wenn wir Hilfe nötig haben.« (Hebräer 4,16)

Gott ist Hilfe! Jesus ist der Christus – dein lebendiger Retter! Das ist die Lehre, die die Apostel verkündigten. Und das ist die Lehre, die eine authentische Christengemeinde verkündigt.

Diesbezüglich nahm Jesus eines Tages seine Jünger beiseite und stellte ihnen eine Frage:

»Wer sagen die Leute, dass der Menschensohn sei? Sie sprachen: Einige sagen, du seist Johannes der Täufer, andere, du seist Elia, wieder andere, du seist Jeremia oder einer der Propheten.« (Matthäus 16,13b.14)

Dann stellte ihnen Jesus eine zweite Frage:

»Wer sagt denn ihr, dass ich sei? Da antwortete Simon Petrus und sprach: Du bist Christus, des lebendigen Gottes Sohn!« (Matthäus 16,15.16)

Bist du auch davon überzeugt? Glaubst du an die Siegesbotschaft, dass Gott seinen Sohn gab, damit alle, die an ihn glauben, gerettet werden?

Wenn du keine Gewissheit auf ewiges Leben durch Christus hast, kannst du auch kein glaubwürdiger Zeuge für Jesus sein!

»Denn also hat Gott die Welt geliebt, dass er seinen ein[zig]geborenen Sohn gab, damit alle, die an ihn glauben, nicht verloren werden, sondern das ewige Leben haben.« (Johannes 3,16)

Wenn du keine Gewissheit auf ewiges Leben durch Christus hast, kannst du auch kein glaubwürdiger Zeuge für Jesus sein! Paulus lädt uns ein, der Liebe Gottes völlig zu vertrauen, denn Gott hat alles für uns gegeben, indem er seinen einzigen Sohn opferte. So kommt er zu dem Schluss:

»Denn ich bin gewiss, dass weder Tod noch Leben, weder Engel noch Mächte noch Gewalten, weder Gegenwärtiges noch Zukünftiges, weder Hohes noch Tiefes noch eine andere Kreatur uns scheiden kann von der Liebe Gottes, die in Christus Jesus ist, unserm Herrn.« (Römer 8,38.39)

Hast du die Gewissheit, dass dich nichts scheiden kann von der Liebe Gottes, die in Jesus Christus ist?

Was für einen Eindruck erhalten Menschen, wenn sie deine Gemeinde besuchen? Erleben sie eine authentische Christengemeinde? Werden sie sagen können, dass deine Gemeinde hingebungsvoll durch die Lehre der Apostel miteinander verbunden ist?

»Tatsächlich hängt das Leben der Gemeinde davon ab, mit welcher Hingabe sie den Auftrag des Herrn erfüllt. Wenn dieser Auftrag vernachlässigt wird, so sind mit Sicherheit geistlicher Niedergang und Verfall die Folge. Wo nicht tatkräftig für andere gearbeitet wird, dort schwindet die Liebe, und der Glaube wird schwach.« (Ellen G. White, Das Leben Jesu, S. 829)

Ich möchte dir auf diesem Weg meine ganz persönliche Erfahrung mitgeben: Je schlichter und einfacher wir die Botschaft von Jesus Christus predigen, desto besser werden Menschen uns begreifen. Nur die selbst begriffene Botschaft macht betroffen!

> *Nur die selbst begriffene Botschaft macht betroffen!*

»Die Botschaft für diese Zeit muss einfach und entschieden vorgetragen werden, um die Hörer zu fesseln und in ihnen den Wunsch zu erregen, die Schrift kennenzulernen. … Je größer die Einfachheit, desto besser werden eure Worte verstanden.« (Ellen G. White, Evangelisation, S. 441f)

Übergib Jesus erneut dein Leben und sei täglich ein leidenschaftlicher Apostel, der den Menschen die Lehre der Rettung durch Jesus Christus predigt – schlicht und einfach. Erzähle den Menschen von den Taten Gottes und welchen Stellenwert diese für dich persönlich haben. Erzähle ihnen, wie du Jesus kennengelernt hast und was er dir bedeutet. Ein echter Christ predigt Jesus Christus mit Vollmacht!

Ein echter Christ predigt Jesus Christus mit Vollmacht!

»Als Zeugen Christi sollen wir verkündigen, was wir wissen, was wir selber gesehen, gehört und empfunden haben. Wenn wir Jesus Schritt für Schritt gefolgt sind, dann werden wir auch etwas über den Weg erzählen können, den er uns geführt hat.« (Ellen G. White, Das Leben Jesu, S. 331)

Hast du auch das Eingreifen Gottes in deinem Leben erfahren? Dann erzähle von deinen Erfahrungen, die du mit Jesus gemacht hast, und lass den Heiligen Geist wirken.

Dazu wird uns im 22. Kapitel der Apostelgeschichte ein eindrucksvolles Beispiel geschildert. Dort berichtet der Apostel Paulus von seiner ganz persönlichen Bekehrung. Dieses Erlebnis setzt sich aus drei wichtigen Abschnitten zusammen:

1. *Das Leben des Paulus, bevor er Jesus kennenlernte:* »Ich bin ein jüdischer Mann, geboren in Tarsus in Zilizien, aufgewachsen aber in dieser Stadt und mit aller Sorgfalt unterwiesen im väterlichen Gesetz zu

Füßen Gamaliels, und war ein Eiferer für Gott, wie ihr es heute alle seid. Ich habe die neue Lehre verfolgt bis auf den Tod; ich band Männer und Frauen und warf sie ins Gefängnis, wie mir auch der Hohepriester und alle Ältesten bezeugen. Von ihnen empfing ich auch Briefe an die Brüder und reiste nach Damaskus, um auch die, die dort waren, gefesselt nach Jerusalem zu führen, damit sie bestraft würden.« (Apostelgeschichte 22,3-5)

2. *Wie ihm Jesus begegnete:* »Es geschah aber, als ich dorthin zog und in die Nähe von Damaskus kam, da umleuchtete mich plötzlich um die Mittagszeit ein großes Licht vom Himmel. Und ich fiel zu Boden und hörte eine Stimme, die sprach zu mir: Saul, Saul, was verfolgst du mich? Ich antwortete aber: Herr, wer bist du? Und er sprach zu mir: Ich bin Jesus von Nazareth, den du verfolgst. Die aber mit mir waren, sahen zwar das Licht, aber die Stimme dessen, der mit mir redete, hörten sie nicht. Ich fragte aber: Herr, was soll ich tun? Und der Herr sprach zu mir: Steh auf und geh nach Damaskus. Dort wird man dir alles sagen, was dir zu tun aufgetragen ist. Als ich aber, geblendet von der Klarheit dieses Lichtes, nicht sehen konnte, wurde ich an der Hand geleitet von denen, die bei mir waren, und kam nach Damaskus. Da war aber ein gottesfürchtiger Mann, der sich an das Gesetz hielt, mit Namen Hananias, der einen guten Ruf bei allen Juden hatte, die dort wohnten. Der kam zu mir, trat vor mich hin und sprach zu mir: Saul, lieber Bru-

der, sei sehend. Und zur selben Stunde konnte ich ihn sehen.« (Apostelgeschichte 22,6-13)

3. *Was Jesus in seinem Leben bewirkte:* »Er [Hananias] aber sprach: Der Gott unserer Väter hat dich erwählt, dass du seinen Willen erkennen sollst und den Gerechten sehen und die Stimme aus seinem Munde hören; denn du wirst für ihn vor allen Menschen Zeuge sein von dem, was du gesehen und gehört hast. Und nun, was zögerst du? Steh auf und rufe seinen Namen an und lass dich taufen und deine Sünden abwaschen.« (Apostelgeschichte 22, 14-16)

Gott hat auch uns erwählt, dass wir seinen Willen erkennen sollen und für Jesus Christus vor allen Menschen Zeugen dessen sind, was wir gesehen und gehört haben. Denke einmal in Ruhe über folgende Fragen nach:

① Wie war dein Leben, bevor du Jesus kennengelernt hast?
② Wie bist du Christ geworden?
③ Was bedeutet dir Jesus heute?

Drei Fragen, die drei ehrliche Antworten erfordern, und es lohnt sich, darüber ernsthaft nachzudenken, denn aus ihnen ergibt sich dein ganz persönliches Glaubenszeugnis.

Manchmal bleibt nicht viel Zeit, um den Menschen um uns herum von der frohen Botschaft Jesu Christi zu erzählen. Und gerade dann ist es hilfreich, dein persönliches Glaubenszeugnis, wie du warst, bevor du Jesus kennengelernt hast, was dich verändert hat, als du ihn in dein Leben gelassen hast, und was dir Jesus heute bedeutet, weiterzugeben, um andere Menschen auf Jesus Christus aufmerksam zu machen.

»Mit der Berufung von Johannes, Andreas, Simon, Philippus und Nathanael hatte Jesus den Grundstein für die christliche Gemeinde gelegt. Das Beispiel von Andreas und Philippus zeigt, wie Gemeinde entsteht und wächst. Wer an Christus gläubig wird, sollte handeln wie sie und mit Verwandten, Freunden und Nachbarn über Jesus sprechen. Leider gibt es heutzutage viele, die zwar für sich in Anspruch nehmen, Nachfolger Jesu zu sein, aber nicht daran denken, andere ebenfalls in die Gemeinschaft Christi zu rufen. Dafür, so meinen sie, seien allein die Geistlichen zuständig. Mancher hätte zum Glauben finden können, wenn sich seine Verwandten, Freunde oder Nachbarn um ihn gekümmert hätten. Eigentlich ist es ganz normal, dass jemand, der selbst zu Christus gefunden hat, sich gedrungen fühlt, andere auf den gleichen Weg zu führen. Wem das Herz voll ist, dem geht alle Mal der Mund über.

Wem das Herz voll ist, dem geht alle Mal der Mund über.

Als Philippus seinen Freund Nathanael auf Jesus hinwies, erwartete er nicht, dass der sich seiner Einschätzung kurzerhand anschließen würde. Ebenso wenig wischte er die Vorbehalte Nathanaels einfach vom Tisch, sondern forderte ihn nur auf: Überzeuge dich selbst! Theologischen Beweisführungen oder logischen Argumenten mag man sich verschließen, aber ein Leben, das die Glaubenslehren in die Praxis umsetzt, lässt sich nicht einfach abtun. Unser Einfluss auf andere hängt nicht so sehr von dem ab, was wir sagen, als vielmehr von dem, was wir sind. Wenn man uns anmerkt, dass wir wirklich mit Gott leben, wird das seine Wirkung auf andere nicht verfehlen, unabhängig davon, ob sie zum Glauben kommen oder nicht. Und noch eins: Das Bezeugen der Wahrheit wird unserem eigenen Leben zum Segen und macht uns innerlich reich.« (Ellen G. White, Jesus von Nazareth, S. 95; vgl. Das Leben Jesu, S. 125ff)

Unser Einfluss auf andere hängt nicht so sehr von dem ab, was wir sagen, als vielmehr von dem, was wir sind.

Der Heilige Geist kann durch unsere eigene Erfahrung, die wir mit Jesus gemacht haben, an anderen Menschen wirken. In diesen Momenten sind wir seine Zeugen. Unsere eigene Glaubenserfahrung kann uns niemand wegnehmen. Im Gegenteil, wir lassen dadurch Menschen an unserer Lebenshoffnung teilhaben. Dein persönliches Glaubenszeugnis ist eine Einladung und zugleich eine Ermutigung, sich auf Jesus Christus einzulassen.

»Wir können's ja nicht lassen, von dem zu reden, was wir gesehen und gehört haben.« (Apostelgeschichte 4,20)

So gesehen fordere ich dich heraus, nicht nur die drei zuvor angeführten Fragen zu beherzigen, sondern auch deine zugehörigen Antworten in schriftlicher Form darzulegen. Das wird für dich persönlich ein Segen sein, aber auch für jene Menschen, mit denen du dein persönliches Glaubenszeugnis teilen wirst. Gib diese, deine Hoffnung an andere Menschen freudig und mit Dankbarkeit weiter. Der Heilige Geist wird dich und deine Zuhörer dabei leiten.

Dein persönliches Glaubenszeugnis ist eine Einladung und zugleich eine Ermutigung, sich auf Jesus Christus einzulassen.

Kennst du in diesem Zusammenhang die letzten Worte Jesu, die er nach seiner Auferstehung sprach, bevor er in den Himmel auffuhr? Sie stehen im 1. Kapitel der Apostelgeschichte:

»Es gebührt euch nicht, Zeit oder Stunde zu wissen, die der Vater in seiner Macht bestimmt hat; aber ihr werdet die Kraft des Heiligen Geistes empfangen, der auf euch kommen wird, und werdet meine Zeugen sein in Jerusalem und in ganz Judäa und Samarien und bis an das Ende der Erde.« (Apostelgeschichte 1,7.8)

Immer wenn ich diese letzten Worte Jesu lese oder höre, erinnern sie mich an die Erzählungen über die letzten Worte meines Urgroßvaters. In seiner Umgebung war er als aufrichtiger, gläubiger Mann bekannt, der nur ein Ziel vor Augen hatte: Ein glaubwürdiger Zeuge für Jesus zu sein. Durch seine natürliche Art war er beliebt und bei den Menschen seiner Umgebung angesehen. Er gründete eine Hausgemeinde und später eine Kirche, die es heute noch in Oberbayern gibt. Kurz vor seinem Tod war er sehr traurig – weil er aufgrund seines Alters die Wiederkunft Jesu nicht lebendig und hautnah würde miterleben können. Deshalb ließ er alle seine zwölf Kinder und seine Verwandten um sich versammeln. Er saß in seinem Sessel am Waldrand, wo er sich immer gerne aufhielt, und verabschiedete sich von jedem Einzelnen mit den Worten: »Ich möchte dich auf der neuen Erde wieder sehen!«

Wie bedeutungsvoll müssen die letzten Worte Jesu gewesen sein, als er sagte: »Ihr werdet die Kraft des Heiligen Geistes empfangen und meine Zeugen sein … bis an das Ende der Erde!«

»Ihr werdet die Kraft des Heiligen Geistes empfangen und meine Zeugen sein!«

Jesus Christus

---

2. Kapitel

Sei ein Teamspieler!

Im 1. Kapitel haben wir über die Bedeutung der Lehre der Apostel nachgedacht. Und was wir entdeckt haben, war das Herz der Lehre der Apostel: Jesus ist der Christus – unser Retter! Alles, was die Apostel lehrten, entsprang diesem einzigen Satz. Das Fazit des ersten Kriteriums für eine authentische Christengemeinde ist, dass wir von ganzem Herzen dieses Geschenk der Rettung durch Jesus Christus angenommen haben und auch mit Überzeugung in schlichter Einfachheit verkündigen.

Wie wir wissen, kann der sportliche Erfolg nicht nur an den Stars gemessen werden.

Für den Einstieg in das zweite Kriterium wollen wir uns ein Sportteam vorstellen. Vielleicht hast du sogar eine Lieblingsmannschaft. Wie wir wissen, kann der sportliche Erfolg nicht nur an den Stars gemessen werden; viele verschiedene Faktoren tragen dazu bei.

Die Fans jedoch bedenken diese Umstände meistens nicht, wenn sie ihre Stars spielen sehen. Sie konzentrieren sich auf die Spitzenspieler und meinen, ein Sieg sei so gut wie ausschließlich deren Verdienst.

Leider sehen viele Christen erfolgreiche Gemeindearbeit genau so. Sie suchen nach den großen Stars, die die Gemeindezukunft sichern und ein erfolgreiches

Gemeindeprogramm gestalten können, das dann ganz von allein eine Menge begeisterter Anhänger nach sich zieht.

Meistens endet solch ein Szenario im Burnout. Die Stars gehen hochmotiviert in ihre neue Aufgabe und investieren unzählige Stunden, um den gewünschten Erfolg herbeizuführen. Um es jedem recht zu machen, müssen sie etliche Hürden nehmen und so lange und so schnell laufen, bis sie erschöpft zusammenbrechen, sich verletzen und ausgewechselt werden müssen.

An diesem Punkt schaltet sich wieder die Gemeinde ein und sucht nach den nächsten Stars, die alles retten sollen. Der Teufelskreis beginnt von neuem, ohne dass eine verbesserte Gemeindestruktur gelegt wird, weil Sieg oder Niederlage der Tradition gemäß offenbar allein von einigen Personen und ihrer Leistung abhängen.

Nicht die Stars sind die Gemeinde, sondern du bist es!

Damit sind wir in der Gegenwart angekommen: Nicht die Stars sind die Gemeinde, sondern du bist es! Grundsätzlich ist das Rezept für eine gesunde Gemeinde nach dem biblischen Vorbild nicht schwer zu verstehen:

»Lasst uns aber wahrhaftig sein in der Liebe und wachsen in allen Stücken zu dem hin, der das Haupt ist, Christus, von dem aus der ganze Leib zusammengefügt ist und ein Glied am andern hängt durch alle Gelenke, wodurch jedes Glied das andere unterstützt nach dem Maß seiner Kraft und macht, dass der Leib wächst und sich selbst aufbaut in der Liebe.« (Epheser 4,15.16)

Jesus Christus ist die Quelle des Wachstums einer authentischen Christengemeinde. Vom Haupt (= Jesus) erhält der ganze Leib (= Gemeinde) die Fähigkeit zu Wachstum und Aktivität. Paulus stellt wohlgemerkt das Wachstum des gesamten Leibes in den Mittelpunkt, nicht jenes einzelner Glieder. Jedes Glied soll nach dem Maß der Gabe(n), die Jesus ihm gibt, dem Leib dienen.

Mit anderen Worten: Übernimm das, wozu du begabt bist, damit deine Gemeinde wachsen kann. Springe, ohne zu zögern, ins kalte Wasser und werde für deine Gemeinde aktiv. Verlangt dein »Trainer« Jesus Christus zu viel von dir?

> *Übernimm das, wozu du begabt bist, damit deine Gemeinde wachsen kann.*

Entdecke »spielerisch« deine geistliche(n) Gabe(n) – auch wenn du vielleicht noch gar nicht weißt, welche Gabe(n) dir Gott geschenkt hat. Auf diese Weise lernst du, was du gerne tust, mit wem du gerne zusammenarbeitest und was dir Freude bereitet. Frage ruhig auch einmal ein paar gute Freunde und lass dir von ihnen sagen, welcher »Typ« Mensch du bist und über welche geistliche(n) Gabe(n) du ihrer Meinung nach verfügst.

Vergiss alle sogenannten Gabentests und überanalysiere dich nicht! Gehe unverkrampft und locker ins »Spiel«. Bevor du anfängst über deine Position in der »Grundaufstellung« auf dem Spielfeld nachzudenken, geht es zuallererst um deine ganz persönliche »Grundeinstellung«: Willst du wirklich »spielen«? Danach erst stellt sich die Frage: Warum hast du die Spielerposition, die du einnimmst? Die Erfahrung wird dir zeigen: Weil du aktiv gelernt hast, auf deinen Trainer zu hören. Du warst und bist im ständigen Austausch mit ihm. Jesus kennt dich und glaubt an dich. Er ist es, der dir deine Position auf dem Spielfeld zuweist – und kein anderer!

Wenn jedes Gemeindeglied seine Gabe(n) auf diese Weise in seine Gemeinde einbringt, wird die Gemeinde auch wachsen.

»Auch in geistlicher Hinsicht gilt das Wort: Kraft gewinnt man durch Übung. Wer meint, er könne sein Glaubensleben dadurch bewahren, dass er lediglich Gottes Gaben annimmt, ohne für Jesus zu wirken, gleicht einem Menschen, der nur essen, aber nicht arbeiten will. Das führt im physischen wie im geistlichen Bereich zu Rückgang und Verfall.

> **Kraft gewinnt man durch Übung.**

Wer sich weigert, seine Gliedmaßen zu benutzen, büßt bald völlig die Kraft ein, sie zu gebrauchen. So wird auch ein Christ, der nicht bereit ist, die ihm von Gott gegebenen Fähigkeiten zu nutzen, bald aufhören geistlich zu wachsen. Und dann verliert er auch noch das, was er schon besaß.

Gott will, dass seine Gemeinde sich für die Rettung von Menschen einsetzt. Deshalb ist es ihre Aufgabe, die Christusbotschaft in alle Welt zu tragen. Daran soll sich jeder Nachfolger Jesu seinen Gaben und Fähigkeiten entsprechend beteiligen. …

Ganz gleich, welche Tätigkeit du ausübst, tue sie so, dass erkennbar wird, dass Gott der Herr deines Lebens ist. Ein wirksameres Glaubenszeugnis gibt es nicht. …

Wenn Gott Gaben austeilt, übergeht er keinen; die Gaben und Fähigkeiten sind unterschiedlich verteilt; Gott erwartet, dass mit dem anvertrauten Gut gearbeitet wird.

Es kommt nicht darauf an, welche Gaben wir empfangen haben, sondern wie wir mit dem umgehen, was uns anvertraut worden ist.« (Ellen G. White, Der bessere Weg, S. 84ff)

In Epheser 4,15.16 finden wir einen wesentlichen Hinweis darauf, wie gesundes

> *Es kommt nicht darauf an, welche Gaben wir empfangen haben, sondern wie wir mit dem umgehen, was uns anvertraut worden ist.*

Gemeindewachstum geschieht: nämlich in der Liebe. Glaubwürdig in der Liebe zu sein ist jedoch nur dann möglich, wenn man sich als Gemeinde untereinander auch gut kennt und »Gemeinschaft« pflegt – Kriterium Nummer zwei:

»Sie blieben aber beständig … in der *Gemeinschaft*«. (Apostelgeschichte 2,42)

Die erste Christengemeinde war nicht nur hingebungsvoll verbunden in der Lehre der Apostel, sondern auch in liebevoller Gemeinschaft.

Dieses Wort heißt im griechischen Urtext *koinonia*. Es wird hier zum ersten Mal im Neuen Testament verwendet. *Koinonia* kommt vom griechischen Wort *koinos*, das heißt übersetzt »gemeinsam, gemeinschaftlich«. *Koinonia* bedeutet so viel wie »enge Verbindung, innige Beziehung, Anteilnahme, Gemeinsinn, Zusammenhalt«.

Paulus gebraucht dieses Wort auch in seinem Brief an die ersten Christen in Galatien. Hier zeigt sich deutlich, was man unter *koinonia* versteht:

»Und da sie die Gnade erkannten, die mir [Paulus] gegeben war, gaben Jakobus und Kephas [Petrus] und Johannes, die als Säulen angesehen werden, mir und Barnabas die rechte Hand und wurden mit uns eins [griech. *koinonia*], dass wir unter den Heiden, sie aber unter den Juden predigen sollten.« (Galater 2,9)

Es ist vielleicht etwas ungewöhnlich, diese Bibelstelle mit der Geschichte von den drei Musketieren zu vergleichen, aber ich zitiere eine bekannte Redewendung daraus: Athos, Porthos und Aramis gaben D'Artagnan die rechte Hand und wurden mit ihm »eins«. Ihre gemeinsame Parole lautete: »Einer für alle, alle für einen!«

Einer für alle, alle für einen!

Jakobus, Petrus und Johannes reichten Paulus und Barnabas zum Zeichen der Gemeinschaft die Hand. Es war der Handschlag der *koinonia*, der innigen Gemeinschaft. Sie hießen sowohl Paulus als auch Barnabas herzlich willkommen – als einen von ihnen im Namen ihres Herrn Jesus Christus.

Koinonia besteht darum aus zwei Dimensionen: *Koinonia* ist eine Gemeinschaft zwischen Menschen (horizontale Dimension), die mit Jesus Christus verbunden sind (vertikale Dimension). Dieser Gemeinsinn, diese enge Verbindung und innige Beziehung, war in der ersten Christengemeinde sichtbare Praxis:

> *Koinonia ist eine Gemeinschaft zwischen Menschen (horizontale Dimension), die mit Jesus Christus verbunden sind (vertikale Dimension).*

»Alle aber, die gläubig geworden waren, waren beieinander und hatten alle Dinge gemeinsam. Sie verkauften Güter und Habe und teilten sie aus unter alle, je nachdem es einer nötig hatte.« (Apostelgeschichte 2,44.45)

Ein kleiner Exkurs zum Nachdenken: Was bedeutet eigentlich »Gütergemeinschaft« in diesem Zusammenhang? Für mich ist es ein ernsthafter biblischer Hinweis darauf, wie es um mich als Christ ganz persönlich steht. Wir lesen, dass »keiner unter ihnen war, der Mangel hatte« (Apostelgeschichte 4,34) – und dann wird erzählt, wie dies erreicht wurde:

Gläubige, die über Geld und Besitz verfügten – das ist übrigens auch eine Gabe Gottes – spendeten freudigen Herzens, wenn es die Not erforderte. Sie gaben sozusagen, was sie von Gott bekommen hatten, an Gott zurück. Sie verkauften Häuser und Grundstücke und legten das Geld »den Aposteln zu Füßen; und man gab einem jeden, was er nötig hatte.« (Apostelge-schichte 4,35)

Es ging um wirkliche, um echte Not – nicht um Luxuswahn nach der Devise: »3... 2... 1... meins!« Und es ging auch nicht darum, den gleichen Lebensstandard haben zu wollen, wie ihn mein Nächster hat. Nein, es ging in Jerusalem um tatsächliche Not. Und wegen dieser gegenseitigen Hilfe ist es nicht verwunderlich, dass die ersten Christen »ein Herz und eine Seele« (Apostelgeschichte 4, 32) waren.

Die ersten Christen waren »ein Herz und eine Seele«.

Trotz dieser Gütergemein-schaft hatte die Gemeinde in Je-rusalem aber auch Hilfe von au-ßen nötig. Beispielsweise sandte die Christengemeinde in Antiochien während einer landesweiten Hungersnot eine finanzielle Unterstüt-zung:

»In diesen Tagen kamen Propheten von Jerusalem nach Antiochia. Und einer von ihnen mit Namen Agabus trat auf und sagte durch den Geist eine große Hungersnot voraus, die über den ganzen Erdkreis kommen sollte; dies geschah unter dem Kaiser Klau-dius. Aber unter den Jüngern beschloss ein jeder, nach seinem Vermögen den Brüdern, die in Judäa wohnten, eine Gabe zu senden. Das taten sie auch und schickten sie zu den Ältesten durch Barnabas und Saulus.« (Apo-stelgeschichte 11,27-30)

Später sammelte sogar Paulus in heidenchristlichen Gemeinden für die Muttergemeinde in Jerusalem:

»Jetzt aber fahre ich hin nach Jerusalem, um den Heiligen zu dienen. Denn die in Mazedonien und Achaja haben willig eine gemeinsame Gabe zusammengelegt für die Armen unter den Heiligen in Jerusalem.« (Römer 15,25.26)

Wir sehen, dass die Gütergemeinschaft keine Ordnung der ersten Christengemeinde war, der sich jeder automatisch unterstellen musste. Es war eine freiwillige Gabe für das ganzheitliche Wohlergehen der gesamten Gemeinschaft.

Dem gegenüber steht ein dunkler Fleck in der Geschichte der ersten Christen im 5. Kapitel der Apostelgeschichte:

»Ein Mann aber mit Namen Hananias samt seiner Frau Saphira verkaufte einen Acker, doch er hielt mit Wissen seiner Frau etwas von dem Geld zurück und brachte nur einen Teil und legte ihn den Aposteln zu Füßen. Petrus aber sprach: Hananias, warum hat der Satan dein Herz erfüllt, dass du den Heiligen Geist belogen und etwas vom Geld für den Acker zurückbehalten hast? Hättest du den Acker nicht behalten können, als du ihn hattest? Und konntest du nicht auch, als er verkauft war, noch tun, was du wolltest? Warum hast du dir dies in deinem Herzen vorgenommen? Du hast nicht Menschen, sondern Gott belogen.« (Apostelgeschichte 5,1-4)

Was war die Folge des Verhaltens von Hananias und Saphira? Letztlich führte das Verlangen, etwas von dem zu behalten, was sie Jesus Christus für sein Werk versprochen hatten, zu Betrug und Heuchelei.

Gott hat die Verkündigung des Evangeliums durch

seine Gemeinde von der Arbeit und den finanziellen Gaben seiner Gemeinde abhängig gemacht. Somit bilden freiwillige Gaben und der Zehnte die Einkünfte für die Weitergabe der frohen Botschaft von Jesus Christus. Von den uns Menschen anvertrauten Mitteln beansprucht Gott einen bestimmten Teil – den Zehnten:

> *Gott hat die Verkündigung des Evangeliums durch seine Gemeinde von der Arbeit und den finanziellen Gaben seiner Gemeinde abhängig gemacht.*

»Bringt aber die Zehnten in voller Höhe in mein Vorratshaus, auf dass in meinem Hause Speise sei, und prüft mich hiermit, spricht der HERR Zebaoth, ob ich euch dann nicht des Himmels Fenster auftun werde und Segen herabschütten die Fülle.« (Maleachi 3,10)

Gott »stellt es jedem frei, ob er mehr geben will oder nicht. Aber wenn das Herz eines Menschen unter dem Einfluss des Heiligen Geistes zum Gelübde bewogen wird, einen bestimmten Betrag zu spenden, so hat er von da an kein Recht mehr auf den geweihten Teil. Werden Versprechen dieser Art Menschen gegenüber abgegeben, so gelten sie als bindend. Sollte das aber nicht erst recht zutreffen, wenn sie Gott gegenüber gemacht werden? Sind Versprechen infolge einer Gewissensentscheidung weniger bindend als schriftliche Vereinbarungen unter Menschen?« (Ellen G. White, Das Wirken der Apostel, S. 74f)

Anhand dieser Illustration der urchristlichen Gütergemeinschaft können wir unschwer erkennen, dass die horizontale *Koinonia-Gemeinschaft* zwischen Menschen fest in der vertikalen *Koinonia-Gemeinschaft* mit Gott verankert ist.

»Was wir gesehen und gehört haben, das verkündigen wir auch euch, damit auch ihr mit uns Gemeinschaft [griech. *koinonia*] habt; und unsere Gemeinschaft [griech. *koinonia*] ist mit dem Vater und mit seinem Sohn Jesus Christus.« (1.Johannes 1,3)

Eine authentische Christengemeinde ist zuallererst in der vertikalen *Koinonia-Gemeinschaft* mit Gott verbunden. Darüber hinaus wird die horizontale *Koinonia-Gemeinschaft* zwischen Menschen aufgrund von konkreten Verhaltensweisen sichtbar:

»Ist nun bei euch Ermahnung in Christus, ist Trost der Liebe, ist Gemeinschaft [griech. *koinonia*] des Geistes, ist herzliche Liebe und Barmherzigkeit, so macht meine Freude dadurch vollkommen, dass ihr eines Sinnes seid, gleiche Liebe habt, einmütig und einträchtig seid.« (Philipper 2,1.2)

Ganz ehrlich: Helfen und ermutigen wir uns als Christen gegenseitig? Sind wir zu liebevollem Trost bereit? Spürt man bei uns etwas von der Gemeinschaft, die der Heilige Geist schafft? Verbindet uns herzliche und mitfühlende Liebe? Haben wir als Gemeinde dieselbe Grundeinstellung und halten wir fest zusammen, sowohl in guten als auch in schlechten Zeiten?

Hinsichtlich dieser Fragen war die erste Christengemeinde ein »Dream-Team«. Jeder wurde in die Gemeindearbeit mit einbezogen und übernahm eine Aufgabe für Jesus. Einige konnten nicht so viel tun wie andere, aber jeder gab sein Bestes. Gemeindearbeit war Teamarbeit und sollte es auch heute noch sein. In der Gemeinde Gottes hat jeder seinen Platz und wird in Liebe angenommen und begleitet. Gemeindearbeit

Gemeindearbeit ist Teamarbeit!

ist Teamarbeit! Eine authentische Christengemeinde ist in liebevoller Gemeinschaft miteinander verbunden. Diese *Koinonia-Gemeinschaft* ist nicht umsonst das Kennzeichen, das Jesus seinen Nachfolgern gab:

»Ein neues Gebot gebe ich euch, dass ihr euch untereinander liebt, wie ich euch geliebt habe, damit auch ihr einander lieb habt. Daran wird jedermann erkennen, dass ihr meine Jünger seid, wenn ihr Liebe untereinander habt.« (Johannes 13,34.35)

Was für einen Eindruck erhalten Menschen, wenn sie deine Gemeinde besuchen? Erleben sie eine authentische Christengemeinde? Werden sie sagen können, dass deine Gemeinde in liebevoller Gemeinschaft miteinander verbunden ist?

Eine sehr gute Möglichkeit, *Koinonia-Gemeinschaft* ganz konkret zu praktizieren, besteht darin, sich in Kleingruppen innerhalb der Gemeinde zu verbinden.

»Wenn es um den Dienst für Gott geht, brauchen wir die Gemeinschaft mit anderen Gläubigen. Wer sie meidet, schadet sich selbst am meisten. Der heiligende Einfluss des Wortes Gottes wird geringer, weil man die biblischen Botschaften nur noch aus dem eigenen

Blickwinkel sieht. Das geistliche Leben verkümmert, und das Verständnis für die Mitmenschen geht mehr und mehr verloren.

Gott will nicht, dass wir zu frommen Einzelgängern werden. Unsere Aufgabe ist vielmehr, mitmenschliche Kontakte zu suchen und zu pflegen. Denn nur so finden wir Zugang zu anderen Menschen und können glaubwürdige Zeugen für Jesu sein.

Wenn Christen zusammenkommen, sollten sie miteinander über Gottes Liebe und sein Erlösungswerk sprechen. Wer mit Gott lebt, wird auch Erfahrungen mit ihm machen. Und wer Gott im Alltag begegnet, möchte darüber reden. Das macht Mut und stärkt den eigenen Glauben sowie den anderer.

Gott will nicht, dass wir zu frommen Einzelgängern werden.

Je mehr wir über Jesus nachdenken und von ihm sprechen, um so weniger werden wir uns mit uns selbst beschäftigen. Wer sich dagegen ständig um sich selbst dreht, spürt kaum etwas von der Nähe Gottes.« (Ellen G. White, Der bessere Weg, S. 105f)

Bereits die ersten Christen haben sich in Häusern versammelt, um über ihren Glauben zu reden und sich zu stärken. Diese Gemeinschaftsform kommt vielen Bedürfnissen der Menschen von heute entgegen. Es gibt Hauskreise, die intensiv den Dialog zwischen den Generationen pflegen, andere konzentrieren sich auf eine bestimmte Alters- oder Zielgruppe. Oft sind es

Familien, die sich zusammenfinden. Manche Hauskreise bleiben lange zusammen, andere verstehen sich bewusst als Gemeinschaft auf Zeit.

Hauskreise bestehen aus kleinen Gruppen, die sich meist in Privatwohnungen treffen. Menschen kommen zusammen, um miteinander zu essen, gemeinsam die Bibel zu lesen, zu singen, über Lebens- und Glaubensfragen zu reden und zu beten.

Hauskreise sind Orte der persönlichen Begegnung und eröffnen Freiräume, um geistliche Gaben zu entdecken und ganz bestimmte Aufgaben anzupacken. Menschen haben Zeit füreinander und können offen und ehrlich über den Glauben, die Zweifel und die Herausforderungen sprechen.

Hauskreise sind ein starkes Stück Zukunft der Gemeindearbeit, weil sie über eine flexible Struktur ohne großen organisatorischen und finanziellen Aufwand verfügen. Hauskreise können Menschen aus ihrer Trägheit herausholen und ihre Motivation stärken, um das Leben einer Gemeinde verantwortlich mitzugestalten.

Eine authentische Christengemeinde sollte nicht mit, sondern aus Hauskreisen bestehen!

Ich bin überzeugt davon, dass es ohne Hauskreise keine gesunde Gemeindearbeit geben kann. Hauskreise sind die Basisarbeit für jede Gemeinde. Sie sind der Wachstumsmotor sowohl nach innen als auch nach außen. Eine authentische Christengemeinde sollte nicht mit, sondern aus Hauskreisen bestehen!

»Die Gründung kleiner Gruppen als Grundlage christlicher Tätigkeit ist mir von dem gezeigt worden, der nicht irren kann. Ist die Gemeinde größer, dann können die Glieder kleine Gruppen bilden und sich sowohl für Gemeindeglieder als auch für Ungläubige einsetzen. Befinden sich nur zwei oder drei Gläubige an einem Ort, dann können sie sich zu einer Arbeitsgemeinschaft zusammenschließen. Das Band ihrer Einigkeit bleibt erhalten, wenn sie in Liebe eng verbunden füreinander einstehen, sich ermuntern voranzugehen und so durch den gegenseitigen Beistand ermutigt und gestärkt werden.« (Ellen G. White, Aus der Schatzkammer der Zeugnisse, Bd. 3, S. 71)

Was ist das Geheimnis dieser Kleingruppen? Ganz einfach: Sie sind wahrhaftig in der Liebe und haben das Ziel, die frohe Botschaft von Jesus Christus zu verkündigen. Wo immer sich Menschen im Namen Jesu versammeln und ihre Herzen Gott öffnen, ist Jesus mitten unter ihnen (Matthäus 18,19.20).

Ich möchte hier exemplarisch ein paar bewährte Anregungen zur Gestaltung von Kleingruppen geben, bezogen auf eine Kombination aus gesunder körperlicher und geistlich-biblischer Nahrung:

- *Die Frühstücksrunde*
  Das Wort Frühstück bedeutete ursprünglich das frühmorgens gegessene Stück Brot. Auch die geistliche Nahrungsaufnahme möchte so verstanden werden: »Unser tägliches Brot gib uns heute.« (Matthäus 6,11) Es ist eine Runde, die schon am Morgen das Wort Gottes miteinander durch ein besinn-

liches Bibelwort und eine gemeinsame Gebetszeit teilen möchte.

- *Die Brunchrunde*
  Die Wortkreuzung »Brunch« stammt aus dem Englischen und setzt sich aus »breakfast« (Frühstück) und »lunch« (Mittagessen) zusammen. Ein Brunch beginnt häufig am Vormittag und wird teilweise bis in den frühen Nachmittag ausgedehnt. Diese Runde eignet sich besonders gut, um ein bedürfnisorientiertes Thema zu erörtern und Antworten aus der Sicht der Bibel zu entdecken. »Dein Wort ward meine Speise, sooft ich's empfing, und dein Wort ist meines Herzens Freude und Trost.« (Jeremia 15, 16a)

Die Bezeichnung »Brotzeit« (österreichisch: Jause) kommt ursprünglich aus dem bayerischen Sprachraum. Sie wurde früher von Bauern, Almhirten, Handwerkern und Wandersleuten als Zwischenmahlzeit verzehrt und ist auch heute noch beliebt. »Der Mensch lebt nicht vom Brot allein, sondern von einem jeden Wort, das aus dem Mund Gottes geht.« (Matthäus 4,4) Zeitpunkt und Umfang dieser Mahlzeit sind von individuellen Gepflogenheiten und Gewohnheiten geprägt. Sie passt morgens, mittags oder abends und schmeckt jedem. Hier ein paar Vorschläge:

- *Die Feuerrunde*
  Im übertragenen Sinn besitzt »Feuer« oder ist ein »feuriger Charakter«, wer als Christ begeistert die

frohe Botschaft von Jesus Christus verkündigt. Damit dieses Feuer weiterbrennt beziehungsweise zu brennen beginnt, studieren wir gemeinsam Themen wie jenes über den Heiligen Geist.

- *Die Prophetierunde*
  Als Prophezeiung (Weissagung) bezeichnet man allgemein eine Voraussage von Zukunftsereignissen. Auch die Bibel spricht sehr viel über Prophetie. Warum? Jesus gibt uns eine Antwort: »Jetzt sage ich's euch, ehe es geschieht, damit ihr, wenn es geschehen ist, glaubt, dass ich es bin.« (Johannes 13, 19) Wir studieren gemeinsam biblisch-prophetische Bücher wie Daniel und Offenbarung, um im Glauben an Jesus fest und standhaft zu werden und zu bleiben.

- *Die Grübelrunde*
  In der Umgangssprache wird Grübeln auch im Sinne von Tüfteln, Rätseln oder Sinnieren verwendet, mit der Vorgabe, dies mit freier Willensentscheidung zu tun. Wir grübeln über schwierigen Bibeltexten unter der Voraussetzung, dass uns nichts von der Liebe Gottes scheiden kann, die in Jesus Christus ist, unserem Retter und Herrn.

- *Die Basisrunde*
  Die Basis ist im Allgemeinen die Grundlage von Handlungen und Überlegungen. Grundwahrheiten der Bibel oder biblische Bücher möchten immer wieder aufs Neue entdeckt und vertieft werden.

»Dies ist das Brot, das vom Himmel kommt, damit, wer davon isst, nicht sterbe. Ich bin das lebendige Brot, das vom Himmel gekommen ist. Wer von diesem Brot isst, der wird leben in Ewigkeit.« (Johannes 6,50.51a)

Möchtest du gerne Teil einer Kleingruppe sein? Wenn ja, dann suche noch heute in der Umgebung deines Wohnorts einen Hauskreis auf oder gründe selbst einen. Sprich Menschen aus deiner Gemeinde, deinem Freundeskreis oder deiner Nachbarschaft an und beginne in absehbarer Zeit mit dieser Arbeit.

Gott möchte dich und deine Gemeinde mit seinem Heiligen Geist reichlich beschenken. Er kann es aber nur, wenn wir uns als sein »Team« zur Verfügung stellen – und dafür sind Kleingruppen absolut hilfreich. Die Erfahrung lehrt, dass durch die gemeinsame Aktivität – durch das spürbare Wachstum des ganzen Teams – ein ungezwungenes Vertrauensverhältnis und eine treibende Dynamik auf der Grundlage einer schönen Freundschaft entsteht.

Sei ein »Teamspieler« und erlebe *Koinonia-Gemeinschaft* – denn das ist eines der größten Geheimnisse für eine gesunde Gemeindearbeit. Ein Team ist nur so stark wie seine Spieler!

> **Ein Team ist nur so stark wie seine Spieler!**

»Lasst uns festhalten an dem Bekenntnis der Hoffnung und nicht wanken; denn er ist treu, der sie verheißen hat; und lasst uns aufeinander achthaben und uns anreizen zur Liebe und zu guten Werken, und nicht verlassen unsre Versammlungen, wie einige zu tun pflegen, sondern einander ermahnen [griech. ermutigen, trösten, bestärken, einladen], und das um so mehr, als ihr seht, dass sich der Tag naht.« (Hebräer 10,23-25)

Für einen Teamspieler ist es undenkbar, auch nur eine Besprechung zu verpassen. Gemeinde ist ein Ort der Begegnung und zwar für alle und nicht für einzelne Superstars. Du bist die Gemeinde – du bist wichtig!

»Lasst uns aufeinander achthaben
und uns anreizen zur Liebe
und zu guten Werken,
und
nicht verlassen
unsre Versammlungen.«

Ein Jünger Jesu

> *»Wenn*
> *zwei unter euch*
> *eins werden auf Erden,*
> *worum sie bitten wollen,*
> *so soll es ihnen widerfahren*
> *von meinem Vater im Himmel.*
> *Denn wo zwei oder drei versammelt*
> *sind in meinem Namen, da bin*
> *ich mitten unter ihnen.«*

Jesus Christus

3. Kapitel

Sei ein Brotbrecher!

Im vorhergehenden Kapitel haben wir gesehen, dass die ersten Christen in liebevoller *Koinonia-Gemeinschaft* miteinander verbunden waren. Das Fazit des zweiten Kriteriums für eine authentische Christengemeinde ist, dass wir von ganzem Herzen das Liebesgebot Jesu in uns aufgenommen haben und in Kleingruppen ganz konkret praktizieren.

In das 3. Kapitel wollen wir mit einem Rezept einsteigen: 1 Tasse fein gemahlenes Weizen- oder Vollkornmehl zusammen mit ¼ Teelöffel Salz durchsieben. 2 Esslöffel kaltes Wasser in ¼ Tasse Olivenöl oder Pflanzenöl gießen, aber nicht umrühren, sondern den trockenen Zutaten hinzufügen und mit einer Gabel vermischen, bis alles Mehl durchfeuchtet ist. Den Teig dünn ausrollen und auf ungefettetes, bemehltes Backpapier ausbreiten und mit einem Messer mundgerechte Vierecke einritzen. In jedes Stück mit einer Gabel hineinstechen, damit sich keine Blasen bilden. 10 bis 15 Minuten lang bei etwa 160 Grad Celsius backen lassen. Danach das ungesäuerte Brot mit unvergorenem Traubensaft servieren. Das ist das dritte Kriterium für eine authentische Christengemeinde:

»Sie blieben aber beständig … im *Brotbrechen*.« (Apostelgeschichte 2,42)

Wörtlich aus dem griechischen Urtext übersetzt, waren die ersten Christen durch »das Brechen des

Brotes« miteinander verbunden.

Worum geht es hier? Wird uns einfach gesagt, dass die ersten Christen gerne gemeinsam gegessen haben? Was bedeutet es, durch das Brotbrechen miteinander verbunden zu sein?

Es gibt nur eine einzige andere Bibelstelle im griechischen Urtext, in der genau dieselbe Formulierung gebraucht wird. Und auch diese wurde von Lukas aufgeschrieben:

> *Was bedeutet es, durch das Brotbrechen miteinander verbunden zu sein?*

»Und sie erzählten ihnen, was auf dem Wege geschehen war und wie er von ihnen erkannt wurde, als er das *Brot brach*.« (Lukas 24,35)

Wir befinden uns hier im letzten Kapitel des Lukasevangeliums. Es wird uns berichtet, dass Jesus kurz nach seiner Auferstehung eine Begegnung mit zwei seiner Jünger auf dem Weg nach Emmaus hatte. Diese beiden »Emmausjünger« unterhielten sich über die Ereignisse der letzten Tage und waren darüber sehr traurig. Als sich Jesus zu ihnen gesellte, erkannten sie ihn nicht. Und als er schließlich fragte, über welche Themen sie sprachen, waren sie doch sehr verwundert. Wie konnte jemand nicht wissen, was in den letzten Tagen geschehen war! Sie fingen an, ihm davon zu berichten. Als Jesus ihr Reden hörte, erklärte er ihnen, dass sie gut daran täten, zu glauben, was die Propheten geredet hatten, und begann ihnen alles, was von ihm in der ganzen Schrift gesagt wird, auszulegen. Was für eine gewaltige »Bibelstunde« das gewesen sein muss! Er machte ihnen damit klar, dass sie die Ereignisse eigentlich aus dem Alten Testament heraus hätten verstehen müssen.

Als es Abend wurde und sie schließlich nahe an das Dorf kamen, baten sie Jesus, den sie immer noch nicht erkannt hatten, als Gast bei ihnen zu bleiben. Daraufhin ereignete sich etwas, was die Situation völlig veränderte:

»Und es geschah, als er [Jesus] mit ihnen zu Tisch saß, nahm er das Brot, dankte, brach's und gab's ihnen. Da wurden ihre Augen geöffnet, und sie erkannten ihn. Und er verschwand vor ihnen. Und sie sprachen untereinander: Brannte nicht unser Herz in uns, als er mit uns redete auf dem Wege und uns die Schrift öffnete? Und sie standen auf zu derselben Stunde, kehrten zurück nach Jerusalem und fanden die Elf versammelt und die bei ihnen waren; die sprachen: Der Herr ist wahrhaftig auferstanden und Simon [Petrus] erschienen. Und sie erzählten ihnen, was auf dem Wege geschehen war und wie er von ihnen erkannt wurde, als er das *Brot brach*.« (Lukas 24,28-35)

Jesus wurde von den beiden Emmausjüngern erkannt, als er das Brot brach. Was mag wohl der Grund gewesen sein? Haben sie die Wundmale an seinen Händen gesehen? Lag es an der Art, wie er das Brot brach, oder erkannten sie ihn vielleicht an den Worten, die er im Dankgebet sprach? Lukas gibt uns jedenfalls im Bibeltext keine Erklärung dafür. Ihm scheint es zu genügen, uns aufgrund dieser Begegnung zu sagen, dass Jesus tatsächlich auferstanden ist.

Stellen wir uns einmal die Szene des Brotbrechens mit den beiden Emmausjüngern, die übrigens nach Lukas 24,33 nicht zum Kreis der Elf gehörten, bildlich vor: Ein einfaches Abendessen war bald angerichtet. Der Gast, in diesem Fall Jesus, hatte am Tisch Platz genommen. Nun streckte er die Hände aus, um die Speise zu segnen. Ich weiß nicht, wie du dabei empfunden hättest, wenn du einer der beiden Emmausjünger gewesen wärest. Jesus, eigentlich als Gast geladen, wurde zum Gastgeber. Er hielt die Hände dankend empor, brach das Brot und gab es den beiden Jüngern. Im selben Augenblick muss es ihnen wie Schuppen von den Augen gefallen sein:

»Ihr Begleiter breitet die Hände genauso aus, wie es ihr Meister zu tun pflegte. Sie blicken wieder hin – und siehe da, sie erkennen die Nägelmale an seiner Hand. Beide rufen zugleich aus: Es ist der Herr Jesus! Er ist von den Toten auferstanden!« (Ellen G. White, Das Leben Jesu, S. 802)

Der Herr ist wahrhaftig auferstanden!

Das war die erfreulichste Botschaft, die es je gab:

»Der Herr ist wahrhaftig auferstanden!« (Lukas 24, 34)

Jesus machte seine Jünger bereits im Vorfeld immer wieder darauf aufmerksam, dass der Menschensohn getötet werden und am dritten Tag auferstehen wird:

»Er [Jesus] nahm aber zu sich die Zwölf und sprach zu ihnen: Seht, wir gehen hinauf nach Jerusalem, und es wird alles vollendet werden, was geschrieben ist durch die Propheten von dem Menschensohn. Denn er wird überantwortet werden den Heiden, und er wird verspottet und misshandelt und angespien werden, und sie werden ihn geißeln und töten; und am dritten Tage wird er auferstehen.« (Lukas 18,31-33)

Kurz vor seinem Tod kündigte Jesus seinen Jüngern ein allerletztes Mal diese Tatsache an, als er mit ihnen das sogenannte »letzte Abendmahl« feierte:

»Und als die Stunde kam, setzte er sich nieder und die Apostel mit ihm. Und er sprach zu ihnen: Mich hat herzlich verlangt, dies Passalamm mit euch zu essen, ehe ich leide. Denn ich sage euch, dass ich es nicht mehr essen werde, bis es erfüllt wird im Reich Gottes.« (Lukas 22,14-16)

Diese Feier war keineswegs eine Zeit der Trauer, sondern der Hoffnung – ein »Freuden- und Dankfest«:

»Das Abendmahl weist auf Christi Wiederkunft hin und wurde eingesetzt, um diese Hoffnung in den Herzen der Jünger lebendig zu erhalten.« (Ellen G. White, Das Leben Jesu, S. 657)

Es lenkt den Blick auf sein Kommen und gibt uns einen Vorgeschmack von der Gemeinschaft mit Jesus Christus im Reich Gottes.

»Als sie aber aßen, nahm Jesus das Brot, dankte und brach's und gab's den Jüngern und sprach: Nehmet, esset; das ist mein Leib. Und er nahm den Kelch und dankte, gab ihnen den und sprach: Trinket alle daraus; das ist mein Blut des Bundes, das vergossen wird für viele zur Vergebung der Sünden. Ich sage euch: Ich werde von nun an nicht mehr von diesem Gewächs des Weinstocks trinken bis an den Tag, an dem ich von neuem davon trinken werde mit euch in meines Vaters Reich.« (Matthäus 26,26-29)

Freust du dich auf dieses Ereignis? Dann feiere es auch! Durch das Abendmahl bleibt die Hoffnung auf die Wiederkunft Jesu lebendig.

> **Durch das Abendmahl bleibt die Hoffnung auf die Wiederkunft Jesu lebendig.**

»Denn sooft ihr von diesem Brot esst und aus dem Kelch trinkt, verkündigt ihr den Tod des Herrn, bis er kommt.« (1.Korinther 11,26)

Weil Jesus Christus für uns starb, können wir mit Freude und Dankbarkeit der Wiederkunft entgegensehen. Jesu Stellvertretertod ist der Mittelpunkt unserer Hoffnung. Darauf gründet sich der Glaube einer authentischen Christengemeinde.

Nicht umsonst feierten die ersten Christen das Brotbrechen immer wieder in der Hoffnung und Vorfreude, ihren Herrn bald in den Wolken des Himmels wiederkommen zu sehen:

»Und sie waren täglich einmütig beieinander im Tempel und brachen das Brot hier und dort in den Häusern, hielten die Mahlzeiten mit Freude und lauterem Herzen …« (Apostelgeschichte 2,46)

Eine fröhliche Tischgemeinschaft ist ein Segen für alle Beteiligten. Genauso ist das Abendmahl ein Fest der Freude. Wir sind zu Gottes Tisch geladen und dürfen teilhaben an seinem Brot und seinem Kelch.

»Das Licht, das von dem Passahmahl Jesu ausgeht, heiligt auch unsere tägliche Nahrung. Der Familientisch wird dadurch zum Tisch des Herrn und jede Mahlzeit ein heiliges Mahl.« (Ellen G. White, Das Leben Jesu, S. 659)

Wann immer die ersten Christen zusammenkamen, um seines Todes zu gedenken, erzählten sie sich, wie er das Brot nahm, dankte, es brach und sprach:

»Das ist mein Leib, der für euch gegeben wird; das tut zu meinem Gedächtnis. Desgleichen nahm er auch den Kelch nach dem Mahl und sprach: Dieser Kelch ist der neue Bund in meinem Blut; das tut, sooft ihr daraus trinkt, zu meinem Gedächtnis. … Wer nun unwürdig von dem Brot isst oder aus dem Kelch des Herrn trinkt, der wird schuldig sein am Leib und Blut des Herrn. Der Mensch prüfe aber sich selbst, und so esse er von diesem Brot und trinke aus diesem Kelch.« (1. Korinther 11,24.25.27.28)

So wie das Passahfest ein Andenken an die Rettung Israels aus der Sklaverei in Ägypten war, so erinnert das Abendmahl an die Rettung aus der Knechtschaft der Sünde. Als das Volk Israel nach der Knechtschaft in Ägypten den Weg durch die Wüste in das verheißene Land antrat, wurde in der Nacht vor dem Auszug in jedem israelitischen Haushalt ein makelloses Lamm geschlachtet. Von Gott beauftragt, sollte das Blut dieses Passahlammes an die Türpfosten gestrichen werden. Dies bewahrte die Erstgeborenen des jeweiligen Hauses vor dem Tod. Genauso bewirkt das Blut Jesu unsere Rettung:

»Denn auch wir haben ein Passalamm, das ist Christus, der geopfert ist.« (1. Korinther 5,7b)

Deshalb feiert eine authentische Christengemeinde

das Abendmahl in Erinnerung an Jesu Stellvertretertod. Dabei denken wir nicht nur an etwas Vergangenes, sondern erfahren gegenwärtig die rettende Wirkung. Sein Leib wurde für uns gebrochen und sein Blut wurde für uns vergossen, damit wir leben!

»Er hat den Schuldbrief getilgt, der mit seinen Forderungen gegen uns war, und hat ihn weggetan und an das Kreuz geheftet.« (Kolosser 2,14)

Sein Leib wurde für uns gebrochen und sein Blut wurde für uns vergossen, damit wir leben!

Das Abendmahl ist ein »Gedächtnismahl« und trägt den Charakter eines öffentlichen Zeugnisses: Ich nehme Jesus Christus als meinen persönlichen Retter an. Er gab sein Leben für mich, um mich vom Tod zu retten.

In diesem Sinne feiert eine authentische Christengemeinde das Abendmahl auch als »Bundesmahl«. Wir erneuern dadurch den Bund, den Jesus am Kreuz mit uns Menschen aufgerichtet hat, und bezeugen gleichzeitig unseren eigenen Lebensbund mit Jesus, den wir mit ihm bei der Taufe geschlossen haben.

Ebenso stellt die gemeinsame Teilnahme am Brot und Wein die Einheit des Leibes Christi (= Gemeinde) dar:

»Der gesegnete Kelch, den wir segnen, ist der nicht die Gemeinschaft des Blutes Christi? Das Brot, das wir brechen, ist das nicht die Gemeinschaft des Leibes Christi? Denn ein Brot ist's: So sind wir viele ein Leib, weil wir alle an einem Brot teilhaben.« (1.Korinther 10, 16.17)

Das Brot besteht aus einem einzigen Stück. Es wird gebrochen, damit jeder daran teilhaben kann. Einerseits bezeugen wir durch das Brotbrechen unsere Liebe zu Jesus, andererseits bekunden wir unsere Liebe zur Gemeinde. Miteinander essen zu können, am gleichen Brot teilzuhaben bedeutet, dass Menschen in einer authentischen Christengemeinde ihre Verbundenheit zum Ausdruck bringen. Dieser Lebensstil durchdringt den Alltag und macht sich auch in den Tischgemeinschaften bemerkbar. Ob es sich um gewöhnliche Mahlzeiten zu Hause oder um Abendmahlsfeiern handelt, wir sind durch Jesu Opfer als eine Gemeinschaft in Liebe miteinander verbunden.

Wie das Abendmahl ein »Liebesmahl« ist, so ist die Fußwaschung der dazugehörige »Liebesdienst«. Beides sollte eine authentische Christengemeinde nach dem Vorbild Jesu praktizieren. Beides führt in die Nachfolge Jesu und bringt eine Gemeinschaft der Liebe unter den Jüngern zum Ausdruck.

> **Wie das Abendmahl ein »Liebesmahl« ist, so ist die Fußwaschung der dazugehörige »Liebesdienst«.**

»Da stand er [Jesus] vom Mahl auf, legte sein Obergewand ab und nahm einen Schurz und umgürtete sich. Danach goss er Wasser in ein Becken, fing an, den Jüngern die Füße zu waschen, und trocknete sie mit dem Schurz, mit dem er umgürtet war.« (Johannes 13,4.5)

Was wollte Jesus mit dieser demütigen Handlung verdeutlichen? Der Dialog zwischen Petrus und Jesus gibt uns darauf die Antwort:

»Da kam er zu Simon Petrus; der sprach zu ihm: Herr, solltest du mir die Füße waschen? Jesus antwortete und sprach zu ihm: Was ich tue, das verstehst du jetzt nicht; du wirst es aber hernach erfahren. Da sprach Petrus zu ihm: Nimmermehr sollst du mir die Füße waschen! Jesus antwortete ihm: Wenn ich dich nicht wasche, so hast du kein Teil an mir.« (Johannes 13,6-8)

Es geht hier nicht so sehr um das Waschen der Füße, sondern um die Lebenshingabe Jesu für uns am Kreuz. Erst später verstand Petrus jene Notwendigkeit der Erniedrigung Jesu:

Solange ich Jesus nicht erlaube, mein Diener zu sein und für mich zu sterben, werde ich keinen Anteil am Reich Gottes haben.

»Er [Jesus], der in göttlicher Gestalt war, hielt es nicht für einen Raub, Gott gleich zu sein, sondern entäußerte sich selbst und nahm Knechtsgestalt an, ward den Menschen gleich und der Erscheinung nach als Mensch erkannt. Er erniedrigte sich selbst und ward gehorsam bis zum Tode, ja zum Tode am Kreuz.« (Philipper 2,6-8)

Mit anderen Worten: Solange ich Jesus nicht erlaube, mein Diener zu sein und für mich zu sterben, werde ich keinen Anteil am Reich Gottes haben. Echte

Demut beweisen wir dadurch, dass wir diesen Liebesdienst Jesu von ganzem Herzen annehmen. Jesus Christus kam, um die Menschen von ihren Sünden zu retten. In diesem Sinne ist die Fußwaschung mehr als nur die Handlung, die Füße seiner Jünger zu reinigen. Sie weist auf eine höhere Art der Reinigung hin, auf die Reinigung des Herzens.

»Spricht zu ihm Simon Petrus: Herr, nicht die Füße allein, sondern auch die Hände und das Haupt! Spricht Jesus zu ihm: Wer gewaschen ist, bedarf nichts, als dass ihm die Füße gewaschen werden; denn er ist ganz rein.« (Johannes 13,9.10a)

Gleich wie die Jünger sind auch wir gereinigt worden, als wir Jesus von ganzem Herzen annahmen und getauft wurden. Doch auf unserem christlichen Lebensweg begehen wir auch Fehler. Unsere Füße werden sozusagen staubig. Wir dürfen erneut zu Jesus kommen und unsere Beschmutzung durch seine reinigende Gnade abwaschen lassen. Doch müssen wir nicht wieder getauft werden, denn »wer gewaschen ist, bedarf nichts, als dass ihm die Füße gewaschen werden«. Die Fußwaschung erinnert daran, dass wir regelmäßig gereinigt werden müssen und völlig abhängig vom Blut Jesu sind. Die Fußwaschung allein kann jedoch nicht von Sünde reinigen. Das kann nur Jesus Christus.

Durch die Fußwaschung wollte Jesus den Jüngern aber auch noch etwas anderes zeigen und zwar: Nur in dem Maß, wie wir selber vergeben, können wir die Vergebung Gottes erfahren!

»Denn wenn ihr den Menschen ihre Verfehlungen

vergebt, so wird euch euer himmlischer Vater auch vergeben. Wenn ihr aber den Menschen nicht vergebt, so wird euch euer Vater eure Verfehlungen auch nicht vergeben.« (Matthäus 6,14.15)

Nur in dem Maß, wie wir selber vergeben, können wir die Vergebung Gottes erfahren!

Jesus möchte, dass auch wir diesen versöhnenden Liebesdienst der Fußwaschung untereinander verrichten:

»Wenn nun ich, euer Herr und Meister, euch die Füße gewaschen habe, so sollt auch ihr euch untereinander die Füße waschen. Ein Beispiel habe ich euch gegeben, damit ihr tut, wie ich euch getan habe. Wahrlich, wahrlich, ich sage euch: Der Knecht ist nicht größer als sein Herr und der Apostel nicht größer als der, der ihn gesandt hat. Wenn ihr dies wisst – selig seid ihr, wenn ihr's tut.« (Johannes 13,14-17)

Wir müssen gewillt sein, dem anderen die Füße zu waschen, und auch die Bereitschaft zeigen, unsere Füße vom anderen waschen zu lassen. So wird die Fußwaschung zu einer Gemeinschaft der Versöhnung.

»Die Fußwaschung wurde als Vorbereitung auf das heilige Abendmahl eingesetzt. Solange sich der Mensch von Uneinigkeit und Machtgelüsten bestimmen lässt, ist er untauglich, Gemeinschaft mit dem Leib und Blut Jesu zu haben. Deshalb sollten wir in der Fußwaschung seinem Vorbild folgen.« (Ellen G. White, Jesus von Nazareth, S. 477; vgl. Das Leben Jesu, S. 648f)

Jesus wusste, dass seine Jünger immer noch darüber stritten, wer von ihnen einst im Königreich Gottes der Größte sein würde. Ihr Machtstreben, ihr Stolz und ihre Selbstsucht waren es, die sie daran hinderten, sich zu demütigen und die Aufgabe eines Dieners zu übernehmen, den anderen die Füße zu waschen. Solange diese ichbezogenen Charaktereigenschaften unter einer Christengemeinde herrschen, sind wir nicht bereit, die Gemeinschaft des Blutes und Leibes Christi zu empfangen.

»Tut nichts aus Eigennutz oder um eitler Ehre willen, sondern in Demut achte einer den andern höher als sich selbst, und ein jeder sehe nicht auf das Seine, sondern auch auf das, was dem andern dient. Seid so unter euch gesinnt, wie es auch der Gemeinschaft in Christus Jesus entspricht.« (Philipper 2,3-5)

Wo sich Menschen begegnen, gibt es Konflikte. Im Sport spricht man in dieser Beziehung vom »Fair Play«. Wir dürfen aufeinander zugehen, einander vergeben und unsere Konflikte wieder in Ordnung bringen. Die innere Vorbereitung auf das Abendmahl stellt eine wertvolle Zeit dar, dem anderen die Hand zu reichen und Versöhnung zu gestalten.

Versöhnung ist für mich immer eine Frage der persönlichen Einstellung – eine Frage des Fair Play!

Versöhnung ist für mich immer eine Frage der persönlichen Einstellung – eine Frage des Fair Play! Bin ich bereit, fair zu sein?

Fair heißt für mich: Konflikte erst einmal vertraulich zu behandeln und nicht an die große Glocke zu hängen. Fair heißt für mich: Das Problem anzupacken und nicht sein Gegenüber. Es geht nicht darum eine Schlacht zu gewinnen, sondern eine Situation zu verstehen. Fair heißt auch: Dem anderen in die Augen zu schauen und zuhören zu können. Das ist für mich persönlich ein besonderes Zeichen für eine positive Einstellung. Fair heißt, sich entschuldigen und vergeben zu können. Sagen zu können: Es tut mir leid und bitte, vergib mir!

»Vergib uns unsere Schuld, wie auch wir vergeben unsern Schuldigern.« (Matthäus 6,12)

Als echter Christ setze ich im Gebet mein ganzes Vertrauen auf Jesus Christus, dass er mir dabei helfen kann, einen Konflikt zu bewältigen, mich zu versöhnen und inneren Frieden zu bekommen.

Dem Vorbild Jesu zu folgen heißt darum, Abendmahl und Fußwaschung in ihrem biblischen Sinngehalt wieder zu entdecken und entsprechend zu feiern. Alle, die Jesu Beispiel folgen, werden auf diese Weise erfahren, was es bedeutet zu lieben, wie Christus geliebt hat.

Durch die Liebe diene einer dem andern!

»Durch die Liebe diene einer dem andern!« (Galater 5,13b)

Um den Kreis des dritten Kriteriums zu schließen, wollen wir noch einen weiteren Bibelabschnitt betrachten, in dem Jesus besonderen Wert auf das Brot legt. Wiederum schildert uns Lukas diese Begebenheit:

»Aber der Tag fing an, sich zu neigen. Da traten die Zwölf zu ihm und sprachen: Lass das Volk gehen, damit sie hingehen in die Dörfer und Höfe ringsum und Herberge und Essen finden; denn wir sind hier in der Wüste. Er aber sprach zu ihnen: Gebt ihr ihnen zu essen. Sie sprachen: Wir haben nicht mehr als fünf Brote und zwei Fische, es sei denn, dass wir hingehen sollen und für alle diese Leute Essen kaufen. Denn es waren etwa fünftausend Mann. Er sprach aber zu seinen Jüngern: Lasst sie sich setzen in Gruppen zu je fünfzig. Und sie taten das und ließen alle sich setzen. Da nahm er die fünf Brote und zwei Fische und sah auf zum Himmel und dankte, brach sie und gab sie den Jüngern, damit sie dem Volk austeilten. Und sie aßen und wurden alle satt ...« (Lukas 9,12-17a)

Ich bin das Brot des Lebens.

Das war ein ganz normales Essen für viele Menschen und kein Abendmahl, oder? Es hatte zumindest noch keine besondere Bedeutung. Aber am nächsten Tag sagte Jesus zu seinen Nachfolgern dies:

»Ich bin das Brot des Lebens. Wer zu mir kommt, den wird nicht hungern; und wer an mich glaubt, den wird nimmermehr dürsten.« (Johannes 6,35)

Das Brot, das Jesus brach, als er die 5.000 Männer mit Frauen und Kindern speiste, war ein Sinnbild auf ihn:

»Ich bin das lebendige Brot, das vom Himmel gekommen ist. Wer von diesem Brot isst, der wird leben in Ewigkeit. Und dieses Brot ist mein Fleisch, das ich geben werde für das Leben der Welt. Da stritten die Juden untereinander und sagten: Wie kann der uns sein Fleisch zu essen geben? Jesus sprach zu ihnen: Wahrlich, wahrlich, ich sage euch: Wenn ihr nicht das Fleisch des Menschensohns esst und sein Blut trinkt, so habt ihr kein Leben in euch. Wer mein Fleisch isst und mein Blut trinkt, der hat das ewige Leben, und ich werde ihn am Jüngsten Tage auferwecken. Denn mein Fleisch ist die wahre Speise, und mein Blut ist der wahre Trank. Wer mein Fleisch isst und mein Blut trinkt, der bleibt in mir und ich in ihm. Wie mich der lebendige Vater gesandt hat und ich lebe um des Vaters willen, so wird auch, wer mich isst, leben um meinetwillen. Dies ist das Brot, das vom Himmel gekommen ist. Es ist nicht wie bei den Vätern, die gegessen haben und gestorben sind. Wer dies Brot isst, der wird leben in Ewigkeit. (Johannes 6,51-58)

Wer dies Brot isst, der wird leben in Ewigkeit.

Jesus ist dein lebendiges Brot. Dein Leben hat einen Sinn, weil du Jesus hast! Jesus möchte mit dir das Brot brechen. Sei ein »Brotbrecher«!

»Siehe, ich stehe vor der Tür und klopfe an. Wenn jemand meine Stimme hören wird und die Tür auftun, zu dem werde ich hineingehen und das Abendmahl mit ihm halten und er mit mir.« (Offenbarung 3,20)

Was für einen Eindruck erhalten Menschen, wenn sie deine Gemeinde besuchen? Erleben sie eine authentische Christengemeinde? Werden sie sagen können, dass deine Gemeinde durch das Brotbrechen miteinander verbunden ist?

Es sind die einfachen Begegnungen, die in Menschenleben einen tiefen Eindruck hinterlassen. Gerade dort, wo sich unterschiedliche Menschen auf einer sehr elementaren Ebene begegnen, kommt es zu intensiven Erlebnissen. Wenn wir dem Beispiel Jesu folgen, erkennen wir sehr schnell, wie er den Menschen begegnete und ihr Freund wurde:

»Er erreichte die Herzen der Menschen, indem er sich als einer unter sie mischte, der um ihr Wohlergehen besorgt war. Er suchte sie auf den Straßen, in ihren Heimen, auf den Booten, in der Synagoge, am Seeufer und auf dem Hochzeitsfest. Er traf sie bei ihrer täglichen Arbeit und interessierte sich für ihre weltlichen Geschäfte. Er trug seine Lehre in die Wohnungen und brachte die Familien in ihren eigenen Heimen unter den Einfluss seiner göttlichen Gegenwart. Seine starke persönliche Anteilnahme half ihm, Herzen zu gewinnen.« (Ellen G. White, Das Leben Jesu, S. 137)

Wenn du deine Gemeinde vergrößern willst, dann gehe dorthin, wo die Menschen sind: in ihre Heime oder lade sie zum Essen ein!

Jesus hatte eine große Sehnsucht danach, die Fremdheit zwischen ihm und uns Menschen zu überwinden. Wenn du deine Gemeinde vergrößern willst, dann gehe dorthin, wo die Menschen sind: in ihre

Heime oder lade sie zum Essen ein!

»Um alle Menschenklassen zu erreichen, müssen wir ihnen dort begegnen, wo sie sich befinden. Sie werden uns selten aus eigenem Antrieb aufsuchen. … Durch Geselligkeit und Gastfreundschaft kommt die ganze Welt mit der Evangeliumsbotschaft in Berührung …« (Ellen G. White, Das Leben Jesu, S. 138)

Besuche deine Freunde und Bekannten oder lade deine Nachbarn und Arbeitskollegen zu dir nach Hause zum Essen ein. Sei, um es mit einem Wort beim Namen zu nennen, gastfreundlich!

Zum Wesen der Gastfreundschaft gehört die Bereitschaft, sich auf andere Menschen einzulassen. Sie erschöpft sich nicht darin, einem Fremden nur sein Haus zu öffnen. Gastfreundschaft bedeutet vielmehr, sein Herz zu öffnen, sich mit seiner ganzen Person einzubringen.

> *Sei, um es mit einem Wort beim Namen zu nennen, gastfreundlich!*

»Nur durch die Methode Jesu können wir erfolgreich Menschen erreichen. Der Erlöser lebte unter den Menschen als einer, der nur ihr Bestes wollte. Er zeigte ihnen sein Mitgefühl, er stillte ihre Bedürfnisse und gewann ihr Vertrauen. Und dann lud er sie ein, ihm nachzufolgen.« (Ellen G. White, The Ministry of Healing, S. 143; vgl. Auf den Spuren des großen Arztes, S. 106)

Manche Christen besitzen die Gabe der Gastfreundschaft. Zudem wären aber auch viele Christen sehr wohl in der Lage, einen Freund oder Familienangehörigen, einen Nachbarn oder Verwandten, einen Arbeitskollegen oder Bekannten, einen Mitschüler oder Studienkameraden, einen Gottesdienstbesucher oder ganz einfach jemanden, der sich einsam fühlt oder allein ist, zu einem Essen in ihr Zuhause einzuladen. Unterschätze nicht, welche Veränderung eine Einladung in einem Menschenleben bewirken kann!

»Euer Erfolg hängt nicht so sehr von euren Kenntnissen und Ausführungen ab, als von eurer Fähigkeit, den Weg zum Herzen zu finden. Indem ihr gesellig seid und Mitgefühl mit den Leuten bekundet, werdet ihr ihren Gedankengang leichter ändern als durch die schönste Rede.« (Ellen G. White, Evangelisation, S. 401)

Unterschätze nicht, welche Veränderung eine Einladung in einem Menschenleben bewirken kann!

Warum machst du es dir nicht zur guten Angewohnheit, einmal im Monat oder wenigstens einmal im Vierteljahr Gäste zu empfangen? Jemanden einzuladen ist nicht schwer! Paulus jedenfalls fordert uns auf:

»Übt Gastfreundschaft!« (Römer 12,13b)

Es wird notwendig sein, dass wir unsere Elfenbeintürme verlassen, wenn wir Menschen die frohe Botschaft von Jesus Christus weitergeben wollen.

»Gastfrei zu sein ist nach Titus 1,8 eines der Merkmale, das leitenden Schwestern und Brüdern in der Gemeinde eigen sein soll. Petrus fordert uns auf: Seid gastfrei untereinander ohne Murren. Und dient einander, ein jeglicher mit der Gabe, die er empfangen hat, als die guten Haushalter der mancherlei Gnade Gottes. (1.Petrus 4,9.10)

Leider werden diese Worte viel zu wenig beherzigt. Sogar unter Christen hapert es oft mit der Gastfreundschaft. Wer egoistisch lebt, bringt sich um Gottes Segen. Egoisten, die nur an sich und ihre Familie denken, machen Gott keine Ehre. Jede Familie mit einer solchen Haltung muss sich das Leben Jesu zum Vorbild nehmen und ihre Einstellung ändern. Wenn sich eine Familie abkapselt und nichts davon hält, Gäste einzuladen, bringt sie sich selbst und auch andere unnötigerweise um viel Segen.« (Ellen G. White, Glück fängt zu Hause an, S. 167)

> *Es wird notwendig sein, dass wir unsere Elfenbeintürme verlassen, wenn wir Menschen die frohe Botschaft von Jesus Christus weitergeben wollen.*

Wir sollten uns mehr als bisher unseren Mitmenschen zuwenden und die Gabe der Gastfreundschaft als einfaches, aber äußerst wirksames Mittel zum Aufbau echter Freundschaften einsetzen.

»Durch persönliche Kontakte und durch Gemeinschaft werden die Menschen mit der errettenden Kraft des Evangeliums erreicht. Sie werden nicht in großen Scharen gerettet, sondern als Einzelpersonen. Der persönliche Einfluss ist machtvoll.« (Ellen G. White, Thoughts from the Mount of Blessing, S. 36; vgl. Das bessere Leben im Sinne der Bergpredigt, S. 40)

Bitte deine Gäste zu Tisch und mache darauf aufmerksam, dass du Gott für die Gemeinschaft und das Essen mit einem Segensgebet danken möchtest. Im Tischgespräch werden dann oft die Grundfragen des Lebens berührt. Nimm Anteil am Leben deiner Gäste, ohne neugierig zu sein, und stelle, wenn möglich, Fragen zu existenziellen Bereichen wie Familie, Arbeit und Religion. Sei in deinen Antworten aufrichtig und habe den Mut, auch eigene Erfahrungen einzubringen. Wenn sich eine Gelegenheit bietet, lege auch ein persönliches Glaubenszeugnis ab und erzähle, wie du Hoffnung, Frieden und Glück für dein Leben gefunden hast.

Bete zum Abschied für deine Gäste. Erwähne dabei ihre Namen und lege Gott die im Gespräch gehörten Anliegen und Sorgen in zwei bis drei Sätzen vor. Auch wenn es uns als unangenehm und manchmal sogar als unangebracht erscheinen mag, so ist es doch so, dass das Gebet mehr bewirkt, als du dir vorstellen kannst. Womit wir zum vierten Kriterium für eine authentische Christengemeinde kommen.

———————————————

»Seid gastfrei untereinander.
Und dient einander.«

Simon Petrus

———————————————

»Wenn ihr betet,
so sprecht:

Vater!
Dein Name
werde geheiligt.
Dein Reich komme.
Unser tägliches Brot
gib uns Tag für Tag und
vergib uns unsre Sünden;
denn auch wir vergeben allen,
die an uns schuldig werden. Und
führe uns nicht in Versuchung.«

Jesus Christus

4. Kapitel

Sei ein Dynamitbeter!

Wenn wir ein Buch zu einem bestimmten Thema suchen, bietet uns das World Wide Web zahlreiche Möglichkeiten für eine eingehende Recherche. Vor geraumer Zeit surfte ich im »WWW« und gab in die Suchmaske der Deutschen Nationalbibliothek das Wort »Gebet« ein.

Gegenwärtig werden allein in diesem Katalog rund 5.000 Bücher über das Gebet in deutscher Sprache angeboten. Sollten wir darum einfach eines dieser Bücher ausleihen oder kaufen? Oder vielleicht sogar einem Bestseller über das Gebet unseren Glauben schenken?

Im 4. und letzten Kapitel möchte ich dir ein besonderes Gebet ans Herz legen. Ich glaube, dass es der Schlüssel für ein authentisches Leben mit Gott ist. Doch bevor wir uns diesem Gebet widmen, möchte ich die ersten drei Kapitel kurz für dich mit drei Fragestellungen zusammenfassen:

Im 1. Kapitel haben wir entdeckt, dass das Herzstück der Lehre der Apostel Jesus, der Christus, ist – unser Retter! Meine erste Frage lautet deshalb: Bist du als Christ überzeugt, dass du aufgrund deiner persönlichen Glaubenserfahrungen ein glaubwürdiger Zeuge seiner Rettungstat sein kannst?

Im 2. Kapitel haben wir gesehen, dass echte Christen durch das Liebesgebot Jesu fest in Gemeinschaft miteinander verbunden sind. Meine zweite Frage lautet folglich: Bist du dir als Christ bewusst, dass du ein wertvolles Teammitglied in deiner Gemeinde sein kannst?

Im 3. Kapitel haben wir erfahren, dass Jesus Christus das Brot des Lebens ist und wir durch die Feier des Abendmahls dessen gedenken. Meine dritte Frage lautet also: Vertraust du als Christ darauf, dass du von Jesus das ewige Leben geschenkt bekommen hast?

Auf den Punkt gebracht lassen sich diese drei Fragen zu den ersten drei Kriterien mit jeweils einem Wort umschreiben:

❶ Lehre der Apostel = *Rettung*
❷ Gemeinschaft = *Liebe*
❸ Brotbrechen = *Leben*

Jesus Christus ist deine *Rettung* – aus *Liebe* hat er dir das ewige *Leben* geschenkt! Und darum möchte ich dich in diesem abschließenden Kapitel zu einer ganz persönlichen Sprechstunde mit ihm einladen:

❹ Gebet = *Beziehung*

Meine Lieblingsdefinition von Gebet steht in einem kleinen Buch mit dem Titel »Der bessere Weg«. Dort beschreibt die weltweit am meisten übersetzte christliche Schriftstellerin im 11. Kapitel »Sprechstunde: Tag und Nacht!« das Wort Gebet folgendermaßen:

»Wer betet, öffnet sich Gott wie einem Freund. Nicht, dass wir ihm erzählen müssten, wie es um uns steht und was wir brauchen; das weiß er eher und besser als wir selbst. Beten heißt, Gott in unserem Denken, Fühlen und Wollen Platz einzuräumen und alles, was uns bewegt, mit ihm zu besprechen. Im Gebet kommt nicht Gott uns näher, sondern wir bewegen uns auf ihn zu.« (Ellen G. White, Der bessere Weg, S. 97)

Wer betet, öffnet sich Gott wie einem Freund.

Kriterium Nummer vier: »Sie blieben aber beständig … im *Gebet*.« (Apostelgeschichte 2,42)

Das griechische Wort, das in unserem Bibelvers für Gebet verwendet wird, heißt im Urtext *proseuche*. Dieser Begriff besteht aus zwei Wörtern: aus dem Präfix (Vorsilbe) *pros*, das in dieser Wortbildung »zu … (hin)« bedeutet, und *euche*, das so viel wie »Wunsch oder Bitte« heißt.

Proseuche ist also ein Wunsch, eine Bitte an jemanden. An wen? Natürlich an Gott! Das Gebet drückt hier einen Herzenswunsch, eine Herzensbitte an Gott aus.

Im ersten Hinweis der Apostelgeschichte über das Gebet unter den ersten Christen wird dasselbe Wort *proseuche* verwendet wie in Apostelgeschichte 2,42:

»Diese alle waren stets beieinander einmütig im Gebet samt den Frauen und Maria, der Mutter Jesu, und seinen Brüdern.« (Apostelgeschichte 1,14)

Hier wird uns eine Gebetsgemeinschaft beschrieben, die einmütig gebetet hat. Das Wort für »einmütig« [griech. *proskartereo*] ist übrigens derselbe Begriff wie in Apostelgeschichte 2,42.

Diese Gebetsgemeinschaft trug eine inständige Bitte, einen sehnsüchtigen Wunsch in ihrem Herzen. Was dieser Wunsch war, wollen wir uns jetzt einmal genauer ansehen. Kurz bevor Jesus zum Himmel auffuhr, sprach er zum allerletzten Mal auf Erden zu seinen Jüngern und gab ihnen zukunftsweisende Worte mit auf den Weg:

»Ihr werdet die Kraft des Heiligen Geistes empfangen, der auf euch kommen wird, und werdet meine Zeugen sein in Jerusalem und in ganz Judäa und Samarien und bis an das Ende der Erde.« (Apostelgeschichte 1,8)

Diese Verheißung ist nicht auf eine bestimmte Zeit oder eine bestimmte Kirchengemeinschaft beschränkt. Jesus verspricht hier, dass seine Jünger mit der Kraft des Heiligen Geistes ausgestattet werden, um seine Zeugen zu sein.

Jeder wahre Jünger wird für das Reich Gottes geboren, um ein Missionar zu sein.

»Jeder wahre Jünger wird für das Reich Gottes geboren, um ein Missionar zu sein. Wer von dem lebendigen Wasser trinkt, wird selbst eine Quelle des Lebens; der Empfänger wird zum Geber.« (Ellen G. White, Das Leben Jesu, S. 179)

Ein echter Christ macht nichts lieber, als ein Zeuge Jesu zu sein! Zumindest die ersten Christen verspürten eine tiefe Sehnsucht nach der Erfüllung dieser Verheißung. Sie waren in ihrem Herzen für die Kraft des Heiligen Geistes bereit, ähnlich wie der Prophet Jesaja im Alten Testament:

»Und ich [Jesaja] hörte die Stimme des Herrn, wie er sprach: Wen soll ich senden? Wer will unser Bote sein? Ich aber sprach: Hier bin ich, sende mich!« (Jesaja 6,8)

Ich möchte dich ermutigen, diesen Schritt zu wagen. Sprich dieses besondere Gebet des Jesaja! Gott will dein ungeteiltes Herz. Es ist eine bewusste Entscheidung, die frohe Botschaft von Jesus Christus als sein Zeuge hier auf Erden zu verkündigen.

Hier bin ich, sende mich!

Die ersten Christen trafen diese Entscheidung. Durch ihre einmütigen Gebete wurde der Arm Gottes bewegt, und der Heilige Geist kam über sie wie »Dynamit«. Diese Kraft war nicht irgendeine belanglose Sache, sondern eine Kraft mit durchschlagender Wirkung; sie war stark wie Sprengstoff:

»Und als sie gebetet hatten, erbebte die Stätte, wo sie versammelt waren; und sie wurden alle vom Heiligen Geist erfüllt und redeten das Wort Gottes mit Freimut. … Und mit großer Kraft [griech. *dynamis*] bezeugten die Apostel die Auferstehung des Herrn Jesus, und große Gnade war bei ihnen allen.« (Apostelgeschichte 4,31.33)

Nachdem der Heilige Geist die ersten Christen erfüllt hatte, gingen sie hinaus und predigten, dass Jesus Christus von den Toten auferstanden und der Retter der Menschheit sei. Dies führte dazu, dass sich Tausende von Menschen der ersten Christengemeinde anschlossen:

»Und das Wort Gottes breitete sich aus, und die Zahl der Jünger wurde sehr groß in Jerusalem. … So hatte nun die Gemeinde Frieden in ganz Judäa und Galiläa und Samarien und baute sich auf und lebte in der Furcht des Herrn und mehrte sich unter dem Beistand des Heiligen Geistes. … Da wurden die Gemeinden im Glauben gefestigt und nahmen täglich zu an Zahl.« (Apostelgeschichte 6,7; 9,31; 16,5)

Das Gebet hat für einen echten Christen eine gewaltige Sprengkraft. Ein Christ, der davon überzeugt ist, dass Gott die Macht hat, alles zu tun, jeden zu verändern und in jede Lebensgeschichte einzugreifen, ist ein »Dynamitbeter«. Werde durch die Kraft des Heiligen Geistes »Dynamit« für Jesus! Bete zu Gott: »Hier bin ich, sende mich!«

Wer darum betet, von Gott in die Welt als Zeuge Jesu gesandt zu werden, hat eine Vision für sein Leben. Ohne diesen Ausblick verliert echtes Christentum seine Kraft, sein Dynamit. Wir können regelmäßig zum Gottesdienst gehen, ein Gemeindeamt übernehmen und unsere Pflichten als gute Christen erfüllen. Aber dafür braucht man kein Dynamit. Den Gemeindebetrieb im Ist-Zustand zu erhalten, erfordert zwar manchmal Anstrengung, aber nicht unbedingt besondere Kraft von Gott. Die Kraft Gottes erfährst du erst, wenn du tatsächlich betest!

Die Kraft Gottes erfährst du erst, wenn du tatsächlich betest!

»Denke daran, dass das Gebet die Quelle deiner Kraft ist! Ein Arbeiter kann keinen Erfolg haben, wenn er es mit dem Gebet eilig hat und dann schnell weggeht, um sich mit etwas zu befassen, das er zu vernachlässigen oder zu vergessen fürchtet. Er wird bald ermüden, weil er Gott nur flüchtige Gedanken schenkt und sich nicht die Zeit nimmt, nachzudenken, zu beten und darauf zu warten, dass der Herr seine körperlichen und geistigen Kräfte erneuert.« (Ellen G. White, Testimonies for the Church, Bd. 7, S. 243; vgl. Erziehung, S. 260f)

Hast du dir jemals die Zeit genommen und Gott gefragt, wie sein Plan für dein Leben aussieht? Komme im Gebet zu Gott und bitte ihn um Dynamit und um die Erkenntnis, wo du es einsetzen sollst!

Wir aber wollen ganz beim Gebet und beim Dienst des Wortes bleiben.

Wie fällt in diesem Sinn deine Entscheidung aus? Die ersten Christen hatten aufgrund von Apostelgeschichte 1,8 eine klare Vorstellung und deshalb konzentrierten sie sich einmütig auf die Hauptsache:

»Wir aber wollen ganz beim Gebet und beim Dienst des Wortes bleiben.« (Apostelgeschichte 6,4)

Gehe mit deiner Gemeinde auf Kurs und entwickle eine Vision für die Mission. Wo liegen eure Stärken? Welche Schwerpunkte wollt ihr setzen und welche Werte wollt ihr dadurch weitergeben? Fixiert eure Gemeindeziele: Was wollt ihr anbieten und welche Zielgruppe(n) wollt ihr damit erreichen? Legt einen

Plan, der euch Schritt für Schritt erklärt, wie diese Ziele umgesetzt und verwirklicht werden können. Formuliert aber auch, worum es nicht geht. Keine Gemeinde kann alle Bedürfnisse erfüllen.

Übrigens: Eine gemeinsame Vision führt zu einer starken und stabilen Einheit! Wo Gemeinde zusammenkommt und miteinander betet, dort kann etwas Großes beginnen. Gemeinsames Gebet bewirkt gemeinsame Erfahrungen. Vielleicht fehlt es uns an solchen.

»Das Gebet ist das Atmen der Seele. Es ist das Geheimnis geistlicher Kraft. Kein anderes Gnadenmittel kann es ersetzen und die Gesundheit der Seele bewahren. Durch das Gebet kommt das Herz in unmittelbare Berührung mit der Quelle des Lebens und stärkt die Sehnen und Muskeln christlicher Erfahrung. Wenn du das Beten vernachlässigst oder nur gelegentlich, ab und zu krampfhaft betest, so wie es dir gerade bequem ist, wirst du deine Verbindung zu Gott verlieren. Die Lebenskraft der geistigen Fähigkeiten geht verloren, und der christlichen Erfahrung wird Gesundheit und Kraft fehlen.«

Das Gebet ist das Atmen der Seele. Es ist das Geheimnis geistlicher Kraft.

(Ellen G. White, Gospel Workers, S. 254f; vgl. Diener des Evangeliums, S. 226f)

Eine authentische Christengemeinde braucht die frische, lebendige Erfahrung von Gemeindegliedern, die regelmäßig Gemeinschaft mit Gott pflegen. Das

Leben eines echten Christen ist ein beständiges Gebet!

»Eigentlich ist es unverständlich, dass sich gläubige Menschen immer wieder vom Beten abhalten lassen. Sie wissen doch, dass das Gebet der Schlüssel ist, mit dem sich die Türen zu den himmlischen Schatzkammern öffnen lassen.« (Ellen G. White, Der bessere Weg, S. 99)

Das Leben eines echten Christen ist ein beständiges Gebet!

Was für einen Eindruck erhalten Menschen, wenn sie deine Gemeinde besuchen? Erleben sie eine authentische Christengemeinde? Werden sie sagen können, dass deine Gemeinde einmütig im Gebet miteinander verbunden ist?

Wenn du selbst von deiner Gemeindevision nicht überzeugt bist, wirst du auch nicht dafür beten. Wenn du aber Feuer und Flamme dafür bist, wirst du auf jeden Fall mit Gott das Gespräch suchen und auch mit deiner Gemeinde einmütig im Gebet zusammenkommen. Mehr noch, du wirst anfangen, voller Begeisterung für diese Vision mit Gott zu wandeln, wie Henoch es tat.

Henoch hebt sich in der Aufzählung des Geschlechtsregisters von Adam bis Noah im 5. Kapitel des 1. Buches Mose von den anderen genannten Personen ab, bei denen es regelmäßig heißt: »Adam (Set, Enosch usw.) zeugte … und lebte danach … und zeugte Söhne und Töchter.«

Henoch aber »war 65 Jahre alt und zeugte Metuschelach. Und Henoch *wandelte* mit Gott. Und nachdem er Metuschelach gezeugt hatte, lebte er 300 Jahre und zeugte Söhne und Töchter, dass sein ganzes Alter ward 365 Jahre. Und weil er mit Gott *wandelte*, nahm ihn Gott hinweg, und er ward nicht mehr gesehen.« (1.Mose 5,21-24; Hervorhebung durch den Verfasser)

Henoch lebte nicht einfach wie alle anderen, sondern er wandelte mit Gott – bei seiner Lebensführung stand Gott beständig im Mittelpunkt. Wer mit Gott wandelt, hat dasselbe Ziel wie Gott! Henoch ging seinen Weg mit Gott – 300 Jahre lang. Sicher durchlebte er Höhen und Tiefen, aber das alles brachte ihn nicht vom eingeschlagenen Kurs ab.

> *Wer mit Gott wandelt, hat dasselbe Ziel wie Gott!*

»Für ihn war Gebet das Atmen der Seele. Er lebte ganz unter dem Einfluss von oben. … Mitten in einem Leben rastloser Arbeit hielt Henoch unverwandt an der Gemeinschaft mit Gott fest. Je stärker und nachhaltiger seine Anstrengungen wurden, desto ernstlicher betete er.« (Ellen G. White, Patriarchen und Propheten, S. 63ff)

Ich möchte dich und deine Gemeinde daher in der Tat herausfordern:

»Seid nicht träge in dem, was ihr tun sollt. Seid brennend im Geist. Dient dem Herrn. Seid fröhlich in Hoffnung, geduldig in Trübsal, beharrlich [griech. *proskartereo*] im Gebet. … Betet ohne Unterlass.« (Römer 12,11.12; 1.Thessalonicher 5,17)

Versprühe Begeisterung für deine Gemeindevision! Zeige der Öffentlichkeit, wofür du brennst! Sei dabei ganz du selbst und versuche nicht, bewusst oder unbewusst in geistliche Rollen oder Traditionen zu schlüpfen, die nicht zu dir passen. Wandle glaubwürdig mit Gott! Ein echter Christ weiß, wie man natürlich und aufrichtig betet!

Ein echter Christ weiß, wie man natürlich und aufrichtig betet!

»Es gibt zwei Arten von Gebeten, das formelle Gebet und das Gebet des Glaubens. Die Wiederholung von festgesetzten, gewohnheitsmäßig ausgesprochenen Sätzen, ohne dass das Herz sich nach Gott sehnt, ist formelles Gebet ... Bei allen unseren Bitten sollten wir sehr sorgfältig sein, was die Bedürfnisse unseres Herzens betrifft, und nur das aussprechen, was wir [wirklich] meinen. Alle blumigen Worte sind kein Ersatz für ein aufrichtiges Verlangen. Die schön formulierten Gebete sind nur vergebliche Wiederholungen, wenn sie nicht die wahren Empfindungen des Herzens ausdrücken.

Aber das Gebet aus einem aufrichtigen Herzen, das die einfachen Bedürfnisse der Seele ausdrückt – als wenn wir einen irdischen Freund um einen Gefallen bitten und erwarten würden, dass er ihn uns erweist –, ist das Gebet des Glaubens. Der Zöllner, der in den Tempel ging, um zu beten, ist ein gutes Beispiel für einen aufrichtigen, gläubigen Beter. Er empfand sich als Sünder, und seine große Not führte dazu, dass der innige Wunsch aus ihm herausbrach: Gott, sei mir Sünder gnädig! (Lukas 18,13b)« (Ellen G. White, Das Gebet, S. 79)

Wenn es um die Beziehung zu Gott geht, ist die Entscheidung, mit dem Herzen zu beten, oft die größte Herausforderung. Ich möchte dich daher ermutigen, dich von nichts und niemandem abhalten zu lassen, mit Gott zu wandeln und mit ihm die wahren Bedürfnisse und Empfindungen deines Herzens zu teilen. Täglich! Stündlich!

»Keine Zeit, kein Ort ist ungeeignet, unsere Bitten vor Gott zu bringen. Nichts sollte uns davon abhalten, mit Gott zu reden. Selbst im Gedränge der Straßen oder bei unseren alltäglichen Aufgaben können wir ihn anrufen und um seine Führung bitten. Wer will, findet überall Gelegenheit, sich Gott zuzuwenden.« (Ellen G. White, Der bessere Weg, S. 103)

Ein aktives Gebetsleben ist Ausdruck einer persönlichen Beziehung zu Gott.

Ein aktives Gebetsleben ist Ausdruck einer persönlichen Beziehung zu Gott. Wenn zwei Menschen miteinander befreundet sind, aber nicht mehr miteinander reden, dann steht es um die Freundschaft nicht zum Besten. Dabei ist es oft hilfreich, sich bewusst zu machen, dass es verschiedene Möglichkeiten gibt, eine Beziehung zu pflegen.

Als Anregung möchte ich dir hier sieben Wege aufzeigen, wie du mit Gott eine beständige Verbindung aufbauen kannst:

① *Begegne Gott, indem du sein Wort studierst.*
Grundsätzlich ist das Bibelstudium für einen echten Christen unentbehrlich. Doch wenn es dir besondere Freude bereitet, Gott in seinem Wort zu begegnen, indem du komplexe Bibelthemen theologisch beleuchtest und dich dazu mit Fachliteratur auseinandersetzt, dann ist das Bibelstudium in dieser besonderen Form sicherlich ein Weg für dich, um deine Beziehung zu Gott zu pflegen. Als Ausgleich solltest du darauf achten, Gott mit deinem Herzen anzubeten. Es geht darum, das Gelesene und Erarbeitete im eigenen Leben umzusetzen.

② *Begegne Gott, indem du dich mit anderen Christen triffst.*
Bist du gerne in Gesellschaft von anderen Menschen? Schätzt du es, in Hauskreisen, Gebetsgemeinschaften oder Seminaren mit anderen Christen zusammenzukommen und Erfahrungen auszutauschen? Dann gehörst du wahrscheinlich zu den Menschen, die ihre Beziehung zu Gott vor allem dadurch pflegen, indem sie Gemeinschaft mit anderen Christen haben. Allerdings besteht die Gefahr, seine Meinung nach der Meinung anderer Menschen auszurichten und dabei zu sehr auf der Gefühlsebene zu bleiben. Dein persönliches Bibelstudium sollte deshalb nicht zu kurz kommen.

③ *Begegne Gott, indem du anderen Menschen hilfst.*
Gehörst du zu den Christen, die sich freuen, wenn sie anderen Menschen helfen können? Bringst du dich gerne in deiner Gemeinde ein, indem du ande-

re zu dir nach Hause einlädst und sie bewirtest? Bist du ein Mensch, dem das Wohl der anderen am Herzen liegt? Dann stärkt deine dienende Haltung sicherlich deine Beziehung zu Gott. Vorausgesetzt, dass du dein Handeln auch als geistlichen Dienst verstehst, den du vor allem für Gott verrichtest. Bei allem Einsatz für Gott ist es aber vernünftig, ein Gleichgewicht zwischen Dienen und Gemeinschaft zu schaffen; es ist völlig in Ordnung, sich auch einmal bedienen zu lassen und neue Kraft zu schöpfen.

④ *Begegne Gott, indem du für ihn singst und musizierst.*
Schon König David drückte in seinen Liedern seine tiefe Beziehung zwischen Gott und ihm aus. Bis heute finden wir Trost und Stärkung in seinen Psalmen. Wenn du ein Mensch bist, der es liebt, für Gott zu singen und zu musizieren, dann ist der Lobpreis sicherlich ein Weg für dich, um deine Beziehung zu Gott zu pflegen. Aber denke daran, dass dein Leben mit Gott nicht ausschließlich aus Lobpreis besteht. Vor allem das Bibelstudium und der Dienst an deinen Mitmenschen sind von besonderer Bedeutung.

⑤ *Begegne Gott, indem du seine Botschaft weitergibst.*
Vielleicht gibt es sie auch in deiner Gemeinde: Einsatzfreudige Christen, die unermüdlich Missionsprojekte ins Leben rufen, um Menschen für Jesus zu gewinnen. Sie lassen sich nicht so leicht entmutigen und nutzen fast jede Gelegenheit, um das

Evangelium weiterzugeben. Wenn du zu diesen Menschen gehörst und überwiegend so deine Beziehung zu Gott pflegst, dann suche dir große Aufgaben aus und halte nach Mitarbeitern Ausschau, die dich dabei unterstützen. Aber lege auch einmal eine Pause ein, suche die Stille und baue zu ein oder zwei Menschen eine echte geistliche Freundschaft auf, um nicht »abzuheben«.

⑥ *Begegne Gott, indem du die Stille suchst.*
In Gedanken mit Jesus verbunden sein – ist das für dich ein geistliches Grundnahrungsmittel? Über Gott und dich selbst nachdenken, beständig und intensiv beten – fällt dir das leicht? Dann ist das ein Weg, um deine Beziehung zu Gott zu pflegen. Ähnlich wie Maria, die Schwester Marthas, sitzt du gerne Jesus zu Füßen. Daher ist die tägliche stille Zeit (die für jeden echten Christen elementar ist oder sein sollte) dein wichtigster Erfahrungsraum mit Gott. Achte darauf, dass du dich nicht zu sehr von der Welt und anderen Menschen zurückziehst und du dir auch praktische Aufgaben suchst, die du zur Ehre Gottes »anpacken« kannst.

⑦ *Begegne Gott, indem du Zeit in der Natur verbringst.*
Hier wird nicht die Natur angebetet, sondern ihr Schöpfer! Wenn du dich in der Natur Gott näher fühlst, einen Hang zu Kunst und Kreativität hast und dich über das Schöne freust, dann kann das deine Beziehung zu Gott stärken. Auch Jesus verbrachte viel Zeit in der Natur, um mit seinem

himmlischen Vater allein zu sein. Dabei kann die Natur aber auch zu einem Fluchtort werden, zu dem Menschen vor der rauen Wirklichkeit des Lebens fliehen. Deshalb ist es wichtig, dass du fest in einer Gemeinschaft eingebunden bist und das Bibelstudium nicht vernachlässigst.

Um glaubwürdig mit Gott wandeln zu können, solltest du deine persönlichen Wege zu Gott kennen und sie auch regelmäßig pflegen. Schreibe dir am besten deine persönlichen Kommunikationswege mit Gott in ein paar Sätzen oder Stichworten zusammen und begegne ihm auf diese Art und Weise. Es wird dein Leben verändern. 100 Prozent!

Wie wichtig die persönliche Begegnung mit Gott ist, zeigt uns auch das Beispiel Jesu:

»Er studierte Gottes Wort, und zu seinen glücklichsten Stunden zählte die Zeit, da er nach getaner Arbeit die weite Landschaft aufsuchen, in ruhigen Tälern intensiv nachdenken und auf Bergen oder in Wäldern ungestörte Gemeinschaft mit Gott haben konnte. Frühmorgens ging er oft an einen abgelegenen Ort, wo er meditierte, in den Schriften des Alten Testaments las oder betete. Die Morgendämmerung begrüßte er mit Gesang, mit Dankliedern lockerte er auch seine Arbeitszeit auf und übertrug so seine Freude vom Himmel auf die Erschöpften und Entmutigten in seiner Umgebung.« (Ellen G. White, Auf den Spuren des großen Arztes, S. 34)

Ich möchte dich nochmals an den letzten Satz meiner Lieblingsdefinition von Gebet erinnern: »Im Gebet kommt nicht Gott uns näher, sondern wir bewegen uns auf ihn zu.« Im englischen Originaltext steht hier: »Prayer does not bring God down to us, but brings us up to Him.« (Ellen G. White, Steps to Christ, S. 93». Wörtlich übersetzt: »Das Gebet bringt nicht Gott zu uns herunter, sondern bringt uns zu ihm hinauf.«

Ich wünsche mir, dass es für dich zur Gewohnheit wird, dich aufgrund deiner Gebetseinstellung in den himmlischen Gemächern aufzuhalten. Ich bin sicher, dass dieses Gebetsverständnis eine positive Wirkung auf deinen Alltag haben wird. Je früher du damit beginnst, umso besser. Tue etwas für dein Gebetsleben und wandle mit Gott!

> *Das Gebet bringt nicht Gott zu uns herunter, sondern bringt uns zu ihm hinauf.*

»Nutze jede Gelegenheit, dorthin zu gehen, wo das Gebet gepflegt wird. Ob uns wirklich etwas an der Gemeinschaft mit Gott liegt, zeigt sich auch daran, dass wir Gebetsgemeinschaft mit anderen suchen.« (Ellen G. White, Der bessere Weg, S. 103)

Zu zweit geht es besser als allein: Suche dir aus deinem christlichen Freundeskreis einen Gebetspartner, zu dem du Vertrauen gefasst hast, und triff dich einmal pro Woche mit ihm zum Gebet – wenn nicht anders möglich auch mittels Telefon.

Überlege dir drei Personen aus deinem Familien-, Bekannten- oder Freundeskreis, für die du jeden Tag beten willst und denen du deinen »Liebesduft« schenken möchtest. Mehr über diesen besonderen »Duft« erfährst du im Nachwort.

Schreibe auch die drei Namen der Personen auf, für die dein Gebetspartner betet. Und dann bete täglich für deinen Gebetspartner und für die insgesamt sechs Freunde. Bete ganz besonders darum, dass deine Freunde für das Wort Gottes offen sind. Und denke daran, wie wichtig die persönliche Beziehung zu deinen Mitmenschen ist.

Sei ein Dynamitbeter!

»Betet allezeit
mit Bitten und Flehen im Geist
und wacht dazu mit aller Beharrlichkeit
im Gebet für alle Heiligen.«

Apostel Paulus

Nachwort

Dufte wie eine Rose!

Mahatma Gandhi, politischer sowie geistiger Führer der indischen Unabhängigkeitsbewegung, soll einmal von Christen gefragt worden sein, was ihn im gewaltfreien Widerstand so erfolgreich gemacht habe.

Gandhi antwortete ihnen mit einer Gegenfrage: »Was macht die Rose, weshalb man sie liebt?« Und im gleichen Atemzug sagte er: »Sie duftet! – Duften Sie, meine Damen und Herren!«

Was macht die Rose, weshalb man sie liebt?

»Die beste Art, das Evangelium zu predigen, ist, es zu leben. Eine Rose hat es nicht nötig, Predigten zu halten; sie verströmt ihren Duft, und das ist ihre Predigt.« (Mahatma Gandhi)

Keine Frage, die erste Christengemeinde verströmte ihren Duft wie eine Rose, an der man gerne riecht:

»Und sie waren täglich einmütig beieinander im Tempel und brachen das Brot hier und dort in den Häusern, hielten die Mahlzeiten mit Freude und lauterem Herzen und lobten Gott und fanden Wohlwollen [griech. waren beliebt] beim ganzen Volk.« (Apostelgeschichte 2,46.47a)

Wie steht es um deine Liebe? Bist du ein Wohlgeruch für deine Umgebung? Ist deine Gemeinde bei der Bevölkerung beliebt?

Vielleicht ist dir aufgefallen, dass ich den letzten Satz von Vers 47 noch nicht erwähnt habe. Zum Abschluss des »Gründungskapitels« der ersten Christengemeinde steht geschrieben: »Der Herr aber fügte täglich zur Gemeinde hinzu, die gerettet wurden.«

Lies diesen Schlussakt ruhig noch einmal. Was steht hier? »Der Herr aber fügte täglich zur Gemeinde hinzu, die gerettet wurden.« … Und ich füge hinzu: Nicht wir haben das getan! Was ist demnach unsere hauptsächliche Aufgabe? – Zu duften!

Spare niemals mit deinem besten Parfüm, sondern benutze es jeden Tag!

Wie geht es dir als »Rose«? Gibst du einen lieblichen Duft von dir oder lässt du deine Blütenblätter hängen und bist am Verwelken?

Ich möchte dir am Ende dieses Buches fünf »Liebesvitamine« ans Herz legen, damit du ein echter Wohlgeruch für Gott und deine Umgebung sein kannst. Spare niemals mit deinem besten Parfüm, sondern benutze es jeden Tag!

Verströme deinen »Liebesduft« mit Hilfe der »Liebesvitamine A bis E« und lebe dein Leben mit diesem lieblichen und duftenden Wohlgeruch:

- *Vitamin **A** wie **A**ufmerksamkeit*
  Wenn du täglich eine Viertelstunde lang einem Menschen deine ungeteilte Aufmerksamkeit leihst, dann schenkst du ihm letztlich 15 Minuten deines Lebens. Für einen Menschen da zu sein, zeigt ihm,

dass er geliebt wird. Es erfordert echte Zuwendung und Konzentration. Aufmerksames Zuhören will gelernt sein. Ein guter Zuhörer hört nicht nur mit den Ohren, sondern mit seinem ganzen Herzen und Verhalten. Halte Augenkontakt. Sitze unabgelenkt da. Zeige Interesse und stelle überlegte Fragen. Und unterbrich nicht. Schenke einem Menschen 15 Minuten pro Tag deine Aufmerksamkeit!

- *Vitamin **B** wie **B**ärenumarmungen*
  Gewöhnlich freuen sich die Menschen in unserem Kulturkreis über eine Umarmung. Sie ist eine Geste der Zuneigung und übermittelt eine klare Botschaft: »Du bist mir wichtig! Du bist nicht allein!« Eine schlichte und einfache Umarmung kann der erste Schritt zur Annäherung und Verbundenheit sein. Umarme den anderen, wenn du das Gefühl hast, dass es ihm gut tut!

- *Vitamin **C** wie »**C**«omplimente*
  Komplimente erzeugen Sympathie. Indem du einem Menschen sagst, was du an ihm schätzt, schaffst du emotionale Nähe. Wenn du mit einem Kompliment auf andere zugehst, erhöht sich die Bereitschaft, sich auf ein Gespräch einzulassen. Leider sind Komplimente manchmal recht oberflächlich, unehrlich und sogar berechnend. Damit ein Kompliment glaubwürdig ist, muss es persönlich und ernst gemeint sein. Es ist nicht nur eine freundliche Äußerung, sondern eine personenbezogene und überlegte Aussage. Gib aufrichtige Kom-

plimente zur Festigung von Freundschaften und zum Aufbau von neuen Beziehungen!

- *Vitamin **D** wie **D**ankbarkeit*
Dankbar zu sein ist eine Ausdrucksform der Anerkennung und Wertschätzung. Und Dankbarkeit kommt nicht allein, sondern bringt tiefe Freude mit sich. Zeige deine Dankbarkeit, wenn dir jemand ein Lächeln oder ein Kompliment schenkt. Zeige deine Dankbarkeit, wenn du Freunde hast, die für dich da sind. Zeige deine Dankbarkeit, wenn … denn Dankbarkeit ist ebenso flüchtig wie der Duft eines leichten Parfüms. Allzu leicht vergessen wir, das zu schätzen, was wir von Gott geschenkt bekommen haben. Sage einfach »Danke«!

- *Vitamin **E** wie **E**rmutigung*
Unter Ermutigung ist »Mut machen« zu verstehen. Und zwar durch förderliches Zureden oder auch durch aufbauende Gesten oder Mimik. Jeder von uns hat bestimmte Bereiche, in denen er sich unsicher fühlt. Uns fehlt oft der Mut, und das hält uns davon ab, die Dinge zu tun, die wir eigentlich tun sollten. Deine ermutigenden Worte können dazu beitragen, dass die Menschen Mut fassen, Neues zu beginnen. Habe den Mut, mutig zu handeln!

Du bist in Gottes Augen ein Mensch von unschätzbarem Wert, und er schenkt dir durch den Heiligen Geist die Fähigkeit, diese fünf Liebesvitamine auszuleben. Das ist eine Erfahrung, die jedoch von dir gelebt und zugelassen werden muss. Erst wenn du dieses Liebesgeschenk von ganzem Herzen annimmst und an dir wirken lässt, verändert sich dein Leben zu einem lieblichen und duftenden Wohlgeruch.

»So folgt nun Gottes Beispiel als die geliebten Kinder und lebt in der Liebe, wie auch Christus uns geliebt hat und hat sich selbst für uns gegeben als Gabe und Opfer, Gott zu einem lieblichen Geruch.« (Epheser 5,1.2)

Dufte wie eine Rose, an der man gerne riecht! Eine Rose hat es nicht nötig, Predigten zu halten; sie verströmt ihren Duft, und das ist ihre Predigt.

**»Die beste Art,
das Evangelium zu predigen, ist,
es zu leben. Eine Rose hat es nicht nötig,
Predigten zu halten; sie verströmt ihren Duft,
und das ist ihre Predigt.«**

Mahatma Gandhi

Vitamin A:
Aufmerksamkeit

Vitamin B:
Bärenumarmungen

Vitamin C:
Complimente

Vitamin D:
Dankbarkeit

Vitamin E:
Ermutigung

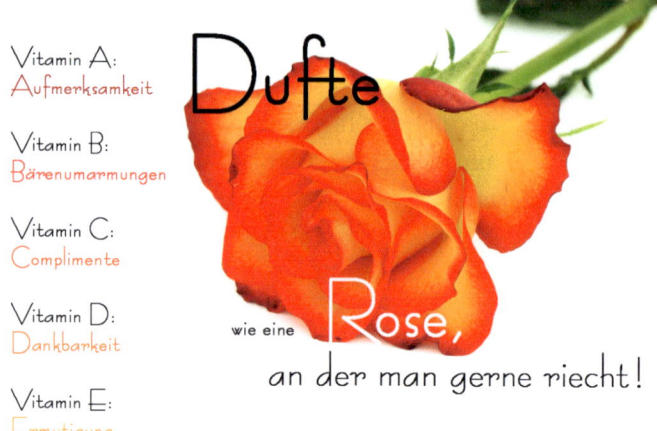

Dufte

wie eine Rose,

an der man gerne riecht!

„So folgt nun Gottes Beispiel als die geliebten Kinder und lebt

in der Liebe,

wie auch Christus uns geliebt hat und hat sich
selbst für uns gegeben als Gabe und Opfer,

Gott
zu einem

duftenden Wohlgeruch!   Epheser 5,1.2

Anhang

Für echte Christen

Bist du schon einmal nach der besten Bibelübersetzung gefragt worden? Meiner Meinung nach ist die beste Übersetzung eine lebendige Bibel.

Nicht umsonst bin ich überzeugt davon, dass authentische Christen die einzige Bibel sind, die die Öffentlichkeit noch liest!

Damit du eine lebendige Bibel für deine Umgebung sein kannst, möchte ich dich herausfordern, dass du täglich deine Bibel mit Kopf, Herz und Hand liest:

❶ Im Kopf begreifen!
Was sagt der Bibeltext an sich?

❷ Ins Herz hineinlassen!
Was sagt der Bibeltext mir ganz persönlich?

❸ In die Tat umsetzen!
Was bedeutet der Bibeltext für mein praktisches Leben?

»Wir haben die Bibel studiert, über sie debattiert, ihre Verse interpretiert. Wir haben über sie gepredigt, uns mit ihr erschlagen, haben sie zitiert und auswendig gelernt – aber wir haben sie viel zu wenig gelebt!«

(Robert S. Folkenberg, Gründer von ShareHim/Global Evangelism)

Im Internet unter

w w w . s e i - e c h t . n e t

findest du als Download gratis ein praktisches
Arbeitsheft zu den vier Kriterien für eine
authentische Christengemeinde

und

zum Bestellen die beliebten
Rosenkärtchen mit den
fünf Liebesvitaminen

sowie

Hauskreismaterial und
Buchempfehlungen für
eine Standardbibliothek
für echte Christen.

»Öffne deine Bibel, bringe die Menschen dazu,
ihre Bibel zu öffnen, dann studiere mit ihnen
zusammen und führe sie zu einer Entscheidung.«

(Samuel F. Monnier, Vater der Maranatha-Seminare)